古田武彦
古代史コレクション
24

古田武彦 著

古代史をゆるがす

真実への7つの鍵

ミネルヴァ書房

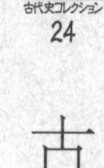

刊行のことば

いま、なぜ古田武彦なのか――
古田武彦の古代史探究への歩みは、論文「邪馬壹国」（『史学雑誌』七八巻九号、一九六九年）から始まった。その後の『「邪馬台国」はなかった』（一九七一年）『失われた九州王朝』（一九七三年）『盗まれた神話』（一九七五年）の初期三部作と併せ、当時の「邪馬台国論争」に大きな一石を投じた。〈今まで「邪馬台国」という言葉を聞いてきた人よ。この本を読んだあとは、「邪馬一国」と書いてほしい。しゃべってほしい。…〉（『「邪馬台国」はなかった』文庫版によせて）という言葉が象徴するように、氏の理論の眼目「邪馬一国論」はそれまでの定説を根底からくつがえすものであった。

しかも、女王の都するところ「博多湾岸と周辺部」という、近畿説・九州説いずれの立場にもなかった所在地は、学界のみならず、一般の多くの古代史ファンにも新鮮な驚きと強烈な衝撃を与えたのである。

こうして古田説の登場によって、それまでの邪馬台国論争は、新たな段階に入ったかに思われた。

古田説とは、⑴従来の古代史学の方法論のあやうさへの問い、⑵定説をめぐるタブーへのあくなき挑戦、⑶真実に対する真摯な取り組み、⑷大胆な仮説とその論証の手堅さ、を中核とし、我田引水と牽強付会に終始する従来の学説と無縁であることは、今日まで続々と発表されてきた諸著作をひもとけば明らかであろう。古田氏によって、邪馬台国「論争」は乗り越えられたのである。しかし、氏の提起する根元的な問いかけの数々に、学界はまともに応えてきたとはいいがたい。

われわれは、改めて問う。古田氏を抜きにして、論争は成立しうるのか。今までの、古田説があたかも存在しないかのような学界のあり方や論争の進め方は、科学としての古代史を標榜する限り公正ではなかろう。

ここにわれわれは、古田史学のこれまでの諸成果を「古田武彦・古代史コレクション」として順次復刊刊行し、大方の読者にその正否をゆだねたいと思う。そして名実ともに大いなる「論争」が起こりきたらんことを切望する次第である。

二〇一〇年一月

ミネルヴァ書房

足摺岬の唐人石
〈第１の鍵〉

足摺岬の海岸線
〈第１の鍵〉

唐人駄場周辺からの出土物
〈第１の鍵〉

三列巨石の
一つ
〈第１の鍵〉

吉武高木遺跡。ニニギノミコトの墓である可能性が高い。
〈第２の鍵〉（福岡市教育委員会提供）

雀居《ささい》遺跡の木造建築物
〈第２の鍵〉

雀居遺跡の発掘現場
〈第２の鍵〉

熱田神宮の酔笑人《えようど》神事。鳥居をくぐって参道をすすむ。〈第３の鍵〉

岩戸山古墳の石靫
〈第５の鍵〉

太宰府近辺の古墳から出土したと伝えられる王冠（右）と女王冠
〈第５の鍵〉

はしがき――復刊にあたって

一

『古代史をゆるがす――真実への7つの鍵』（原書房、一九九三年）は、私にとって画期をなす出版だった。

その第一の鍵は、土佐（高知県）の足摺岬である。私自身が、父親も母親も土佐の出身でありながら、その地にはめったに行ったことがなかった。もちろん、住んだこともない。

けれども、その足摺岬が学問研究にとって重要なキイ・ステーションとなった。不思議だった。

二

三国志の魏志倭人伝、私の尊敬する歴史家、陳寿の畢生の歴史書である。従来の、いわゆる古代史の研究者は、王朝の所在を平気で「大和（奈良県）」に当ててきた。「南」とあるのを「東」に書き換えて、そこを出発点とした。いわゆる「近畿天皇家一元主義」の歴史観を絶対としたからである。

そのため「ヤマト」と訓《よ》めぬ「邪馬壹国」を捨て、「ヤマト」と訓めると見えた「邪馬臺国」と書き換えたのだ。

しかし、次の三点は〝見のがされ〟た。

第一、「邪馬臺国」とあるのは、三国志より一五〇年あとの後漢書である。

第二、三国志の方の「邪馬壹国」は、「戸七万余戸」の大国であり、後漢書の方の「邪馬臺国」は「その大倭王の処所」だ。現代でいえば、東京都と皇居を自在に取り換えるにひとしい暴挙だ。

第三、その後漢書にも「臺」を「ト」と訓んだ例はない。

右を無視（シカト）したまま、いわゆる「邪馬臺国」が通用させられている。もちろん「邪馬台国」など、絶無である。

三

私の方法は簡単だ。

その一、同時代史料を優先し、その立場から後代史料の叙述を批判する。従来の研究者は「近畿天皇家中心」というイデオロギーを優先し、それに〝合う〟ように「原文」を直す。理念を先行させ、それに合うものを「原文」と称するのである。

その二、古事記・日本書紀・風土記等は八世紀の成立だ。七世紀前半成立の隋書といずれを採り、いずれを捨てるか、明白だ。先行史料を基盤とすべきだ。

その三、すでに在日中国人の研究者、張莉氏がくりかえし明記されたように、わたしの立場と八世紀以降の成立の立場とは決して〝斉合〟できないのである。

その四、さらに見逃すことができないのは「神籠石山城の分布」だ。明らかに防府（山口県）・筑紫（福岡県）を中心として築かれている。紙の上の「学説」は〝書き換える〟ことは可能でも、遺物群の分布を〝動かす〟ことは不可能だ。
「九州王朝」の概念なしに、日本の古代史像を構築することは、ありえないのである。

平成二十七年四月三日

古田武彦

はじめに

不思議な経験だった。今まで思いもしなかった世界が、私の眼前に現われた。そして現地に訪れるたびに、私の目のうつばりがとれてゆく。そういう一年になろうとしている。秋のさなかの今日だ。

それは限りなく楽しく、限りなく苦しかった。なぜ、楽しいのか。いうまでもない。人間にとって、「未知のものを知り、未見のものを見る」、これほどの楽しみが、ほかにあろうか。私には思いつかない。足摺岬の岩頭で、私は明確に知った。自然界は三分法であることを。天と地と海、これだ。これが大自然のすべてなのである。

しかるに、中国人は知らなかった。少なくとも、洛陽や西安の都人は「大海」を知らず、「天地」という二分法で、大自然を表現できる、と妄信した。知識の語り手も、聞き手の大衆も、それで異議を唱えなかった。あたかも「井の中の蛙」たちのように。

しかし、足摺人はちがった。三列柱をもって、巨岩を構成した。あるいは天然の三列石を畏れた。それが、黒潮にのぞむ海浜・山麓に、点々とその様態の大巨石の点在する理由だった。

思えば、記・紀（古事記・日本書紀）神話において、「三神」が海底より誕生する説話は少なくない。天照（アマテラス）・月読（ツクヨミ）・須佐之男（スサノヲ）などに〝当て〟られているけれど、その「縄文の母体」が、「大自然・三分法」という根本の認識に立っていたこと、この的確な古代人の認識を、私は今、ようやくにして知ることができた。恥ずべきことのみ多かった馬齢ながら、私は生あるうちに、この真実の認識を手にすることができたことを、何にも勝る喜びとしたのである。

津軽の生んだ天才的学者、秋田孝季の記録を伝承した和田家文書のなかにも、アイヌ族の原初神として、やはり「三神」（イシカ〈天〉・ホノリ〈地〉・ガコ〈水〉）が根本であったことが明白に記されている。あらためて深く脱帽せざるをえない。

私は一週間に一回(1)、二週間に一回(2)、あるいは一月に一回(3)、講義をする。終わったとき、思う。「次に、話すことがあるだろうか」と。語り尽くしたからだ。だが、次の回、壇上に立つとき、九〇分や二時間では語り尽くせぬテーマをかかえている。——幸せだ。

もちろん、探究は苦しみだ。「不明の霧」への挑戦だからである。次々と妨害者たちも、立ち現われる。世の常だ。親鸞も、孔子も、そのような妨害のなかで自己をみがいた。まして、私ごときが。当然だ。

だが、ある日、この生の終わりが来たとき、それがたとえ突発的であろうと、緩慢な終幕であろうと、私は莞爾としてその日をうけ入れるであろう。なぜなら、それはもっとも「未知なるもの」である死の世界に向かう、私の新たな探究の出立の日となること、けだしそれは、確実と思われるからである。

注

（1）昭和薬科大学（文化史・歴史学）。
（2）朝日カルチャー（新宿）。
（3）ダイナース（新宿）。

古代史をゆるがす——真実への7つの鍵

目次

写真協力●毎日新聞社〈11、83、93、94、110ページ〉
駸々堂出版、青山富士夫氏ほか

＊本書は『古代史をゆるがす――真実への7つの鍵』（原書房、一九九三年）を底本とし、「はしがき」と「日本の生きた歴史（二十四）」を新たに加えたものである。なお、本文中に出てくる参照ページには適宜修正を加えた。

第1の鍵　足摺に古代巨石文明があった（1）

1　足摺の巨石群

巨石文明との出会い

私もあちこちで講演をしているわけですが、私の本国である、この土佐で講演するのは、はじめてです。

本国といいましたのは、私の本籍地が高知市だからです。父親は中谷《なかや》、高知市の一宮《いっく》で中谷というところが実家です。母親のほうは、伊尾木というところ、今は安芸町といいますが、私にはなじまなくて、昔ながらの伊尾木の川島というところが母親の実家です。そこで小学校にあがる前、子どものころ、その父親のほうの一宮、また母親のほうの伊尾木へ行ったおぼえがあります。

それから、おとなになってからは、高知県へ来ていない。いや、よく考えると、神戸の湊川高等学校の教師のとき、職員研修みたいな感じで高知へ来て、竜ケ洞などへ行ったことがありますが、これはまったく「観光」的なもので、古代史とは関係はありませんでした。

ですから、古代史の研究者として、古代史の遺跡をたずねる、ということでは、日本じゅう北海道か

講演をする著者
（西沢孝氏撮影）

ら沖縄までの各県ほとんど全部行っていると思っていたのですが、たった一つ、行っていない県があった。それが、私の本籍地である高知県であった、というわけです。灯台もと暗しも、いいところですね。

　ところが今回、高知県の足摺岬の近辺にすばらしい古代遺跡があるんだということを、平野さん[2]という、高知県選出の参議院議員の方のようですが、この方から手紙でお知らせいただきました。お忙しいお仕事の方なのに、詳しく現地の図までお書きになって、自分で撮られた写真もたくさん添えて送っていただきました。

　その前に電話をいただいた方がありました。確か足立さん[3]という方で、その方からお電話をいただいたわけです。

　私が一月一五日（一九九三）、東京の文京区の区民センターで、「市民の古代研究会 関東」の恒例の新春の講演会がありまして、そのなかに足立さんという方がいらっしゃいました。その方から私のところへ電話がかかってきまして、紹介といいますか、平野さんという方からご連絡があるからよろしく、というお話で、やがてそのお手紙が来ました。それが今申しましたが、足摺岬に関するものでした。

　私は従来から、巨石文明には関心をもっておりました。たとえば、東北の秋田県の大湯のストーン・サークルですね、あれにも何回かまいりました。それに、ヨーロッパの巨石にも、何回か訪れました。あの有名な、イギリスのストーン・ヘンジにも、二回ほどまいりました。

　そういったわけで、私は巨石文明に前から関心をもち、それを見た経験も比較的豊富でした。その目から平野さんの写真を見ると、どうもこれは、ただ大きな石がある、というものではないな、と、やはり何か人間の信仰対象の巨石ではないかと、写真だけで判断してはいけないのですが、私はそういう印象をもちました。

そこで、私には、持ち前の好奇心がむらむらと湧いてきまして、どうもこれは現地に行ってみなければならぬ、と思ったわけです。

現在の学界の常識では、ご存じのように、信州から東のものだけで、そこから西にはない、とされています（近年、近畿で報じられたことがありますが[4]）。

それも、青森県から秋田県、山形県、さらに福島県と、西へ来るにつれて、時代が古くなっています。もちろん、だいたいのことですが。あの大湯のストーン・サークルは、おそいものです、縄文後期。それが西へ行くごとに古くなるのです。関東はもっと古く、静岡県の千居《せんご》遺跡[5]はさらに古く、長野県、なかでも大町の上原《わっぱら》遺跡となると、現在残っているものでは、学問的に一番古いものとされているものです。松本から大町線で入ったところです。縄文中期より早い前期です。

上原遺跡（長野県大町市）のストーン・サークル

　この遺跡のサークルは、この部屋くらいか、大きくても二倍もないかと思われるくらいの大きさです。これが一番古い。もっとも、もっと古いのが松本にあったというのですが。「あった」というのは、例によって削られたのです。二つ、三つくらい、削られてなくなってしまった。

　さっき四万十川の流域の遺跡が削られた、という話を聞いて、ほんとに「なぐりたい」とまで思ったくらいでしたが、松本もそうなのです。削られたわけです。不思議にもこれより西からは出ない、というわけです。

　なぜ不思議かというと、あの長野県と岐阜県との境近くには、地質上大きな断層があります。フォッサ・マグナといいますね。地殻変動ですから、ずっと古い、「最近」ではありません。こんな話のときは、旧石器でも「最近」のほうに入るかもしれません。ところが、不思議なのは、現在でも、このフォッサ・マグナから東と、西とでは、「味つけ」なんかでも、ピタッとかわるのです。もちろん、フォッサ・マグナのころ、人間が住んでいたわけではないでしょうし、そのころから「味つけ」があったわけでもないのでしょうけど、ちょうど、そのへんで「味つけ」がかわる、という不思議な話があります。関西はうす味で、関東はこい味、その境目です。

　なんでこんな、古い地殻変動と、人間というお猿さんの「味の好み」が関係するか、不思議な話ですが、そういうことがあります。

　まあ、こんなことは、わけはわからないが事実はこうだという話です。ストーン・サークルも同じで、なぜあのへんで、東西わかれているのか、わけはわからないけど事実はそうだ、という話です。

　さっきのように「近畿にもあった」という話が新聞で報じられると、われわれは「西日本ではなあ」(6)といった感じでいたのですが、——もちろん、実際は行って見なければいけませんが——そういう感じでいました。そこへ今回は、西も西、この足摺岬にストーン・サークルが、という話を聞いたわけです。

　ところが、平野さんの写真で見ると、どうもこれは、ただの石ではない、と思いましたので、今回まいったわけです。

お聞きしますと、この一三日（二月）にシンポジウムがありまして、京都造形芸術大学の渡辺豊和教授(7)という方がお出でになったそうで、その際、来ないかというお話があったのですが、ちょうど学校の入試の当日にあたっていましたので、これは逃げもかくれもできぬ行事ですのでまいれず、「またあとで、来年度になって」などといっていると、いそがしさに追いまくられていつになるかわからないので、今回まいったわけです。

もちろん、今回は周辺の調査や詳しいところはもちろん見れないけれど、その場所を見るだけでも、まず見てこよう、そう思って来たわけです。金曜に用事があって、また火曜日に用事があるので、土曜日に来て、火曜日の朝、夜行で着く、今日、日曜だけという、こういうプランを組んでまいったわけです。

武彦少言(1)

私は喜多方で生まれた。福島男だ。酒蔵の多い、白壁の美しい町だった。そう、父母から聞かされた。旧制喜多方中学の英語の教師だった父の転任によって、生後八か月で、故郷の地を去った。

父母は、共に土佐人だった。土佐弁が家庭用語だった。だが、土佐は今まで私にとって〝遠い〟土地だった。父祖伝承の地だったのである。

その土佐で、今回大きな古代遺跡に会い、従来の私の古代認識を、大きくぬりかえることとなった。深めたのである。

運命の神のはからいたもうところ、不可思議というほかはない。

土佐への旅

以上、前おきばかり申し上げましたが、その際、たいへん期待する気持ちと、いやいやあまり期待しすぎて落胆したらいかんぞという気持ちと、両方あったわけですが、正直いって、その感じがまず、ほとんど消えたと感じたのは、室戸汽船の出発地にあたる、東神戸の埠頭でお迎えいただいてからです。土佐清水市の教育長をこの一二月（一九九二）までやっておられました畑山昌弘さんに、もったいないことに、お迎えいただいたわけです。しかも一時間半前ですか、私が行ったらすでに来ていただいておりまして、そこで小一時間、お話をしたわけです。そして用意してこられた写真、これまた平野さんよりも詳しいといいますか、たくさん撮られていましたので、おそらくセレクトしてこられたと思いますが、なかなか立派な写真を見せていただいた。そしてまた、ご説明をいただいた。そこで、やはりご当地で、小学校の校長さんとか学校の先生をしておられて、教育長になられた方ですから、よくあることですが贔屓《ひいき》の引き倒しで、自分の郷土のことをオーバーにいう、愛すべきことなのですが、そういう経験もしょっちゅうしてますが……、しかしそうではなく、かなり理性的に、おさえるところはしっかりおさえて、お話しいただいたわけです。

それをお聞きしていって、私は、まずこれはまちがいないなという感触をもったわけです。といいますのは、これは旧石器、縄文にさかのぼる古代の祭祠跡であろう、ということを。これは現場を見なければ確認はできませんが、ほぼこれはいけるだろうという感じをもった。その理由は次々に申し上げますけど。

それから、船に乗った。そして夜寝ながら、室戸岬をまわったわけです。母親から室戸岬の幽霊船の話をよく聞かされていましたから、なんだかあのへんで、船酔いなのか、気分がこう揺らめいてきましたが、しかしまあ、ここへ着きますと、やはり故郷土佐へ、家へ帰ってきたということでたいへん元気

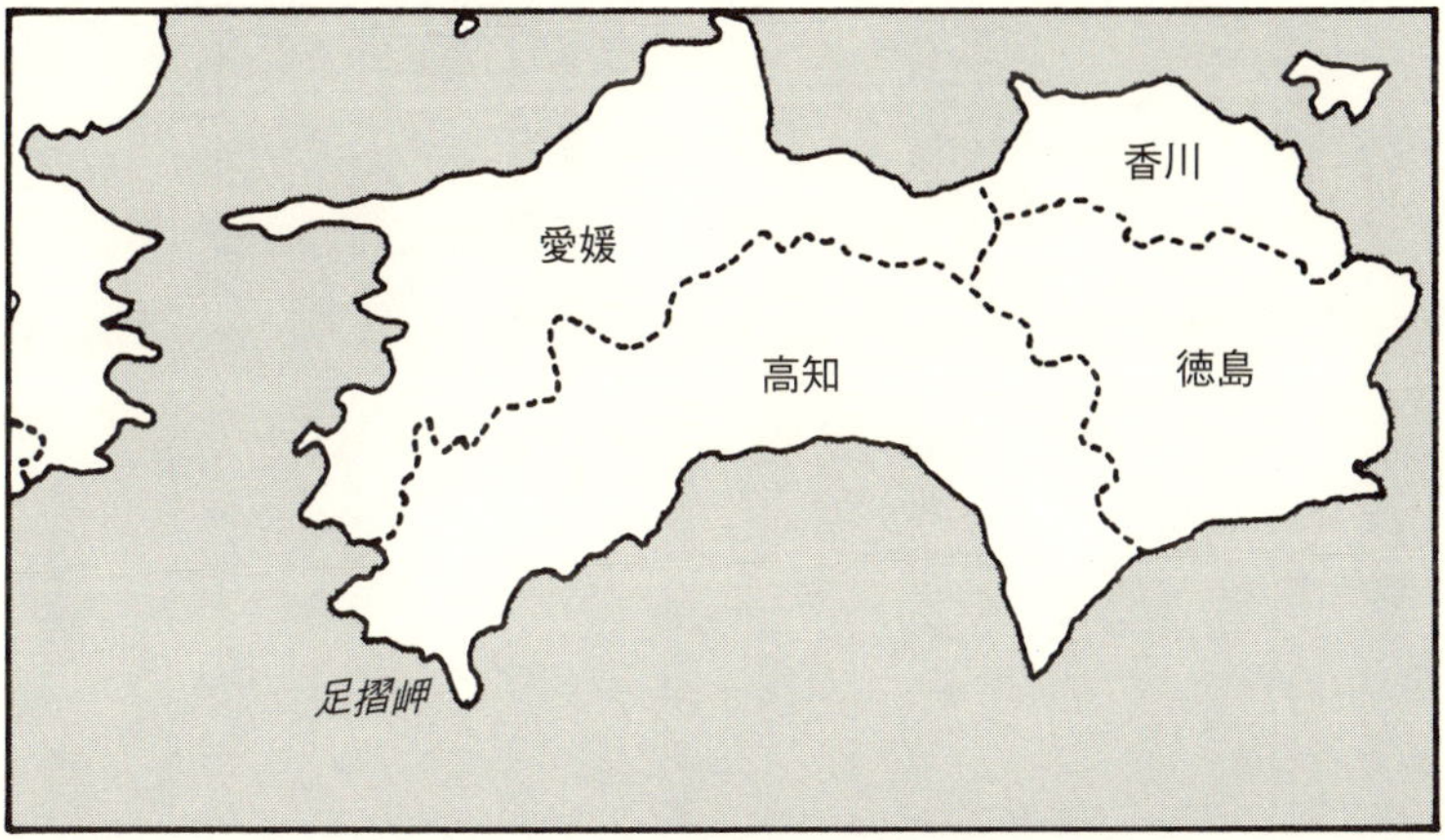

四国全図

になりました。

まして、現地を朝からご案内いただきまして、私ひとりで歩きまわっていたら、とてもこうはいかなかったと思いますが、ほんとによくお調べいただいた中村市の「波多の国研究会」の平石さん[8]や、西沢さん[9]とか古代研究の方々、富田さん[10]のようなベテランというか、何よりも遺跡を愛している方々にリードしていただいて、次々にご案内いただきましたので、この短時間のなかで、非常におびただしいポイントを拝見することができたわけです。その結果は、私が予想したとおり、これは旧石器、縄文にさかのぼる古代遺跡であることはまちがいない。これは太鼓判を押すことができます。

のみならず、それは古代遺跡として「合格」などという、そんなスケールの話ではないわけです。私が今まであちこちで現地を見てきたり、本をめくって読んだりして、本には旧石器・縄文以降の写真も出ていますので、それを見たところでは、ここはちょっと想像を絶する規模と歴史をもっているものだな、という感触をもちました。

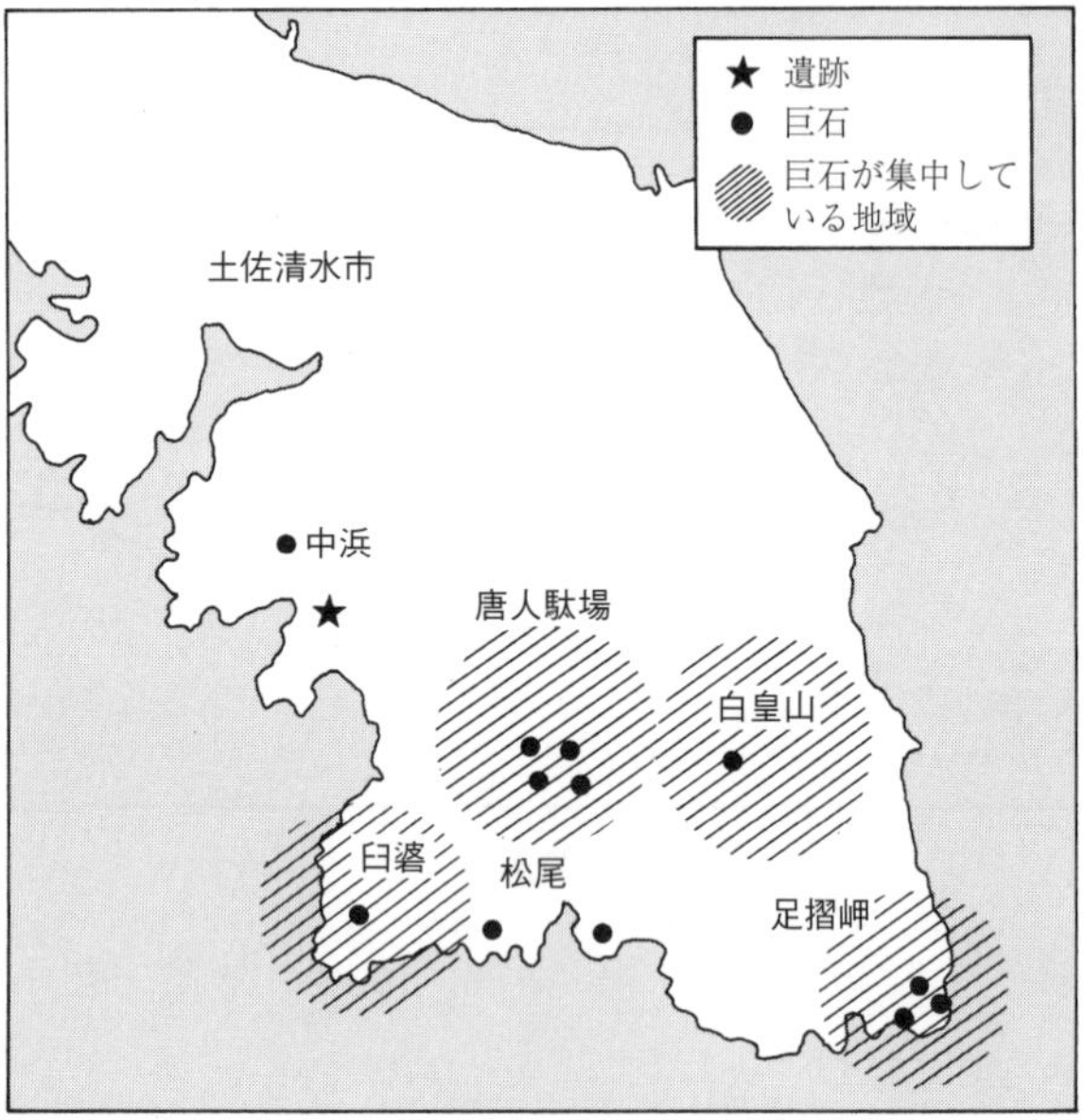

足摺岬周辺図

足摺岬。その先には太平洋が広がる。

足摺岬に点々とする巨石

巨石を調査する著者

旧石器と縄文

断っておきますが、私は学問研究者であって、いわゆるルポライターとは立場がちがいますので、なんといっても、厳密で客観的でなければいかんというのが大前提です。けっして軽率には申すつもりはありません。これは今後、何回でも来て、厳密におさえるべきところをおさえなければいけないですね。本当の結論はそこからあとになるのは当然ですが、そうかといって、私が今まちがいないだろうと思っていることを、地元の皆さんにかくす必要はないわけで、それを申しあげておきます。

といいますのは、今いいましたように、旧石器、縄文にさかのぼる古代遺跡であることはまずまちがいない。それはいわゆる巨石の規模を見まして、古代人がこういうものに無関心でいたはずはない。

そしてこれを、自然の物か人工の物かというところにポイントをおいて考える人もあるわけです。どういう意味かというと、自然の物だったら造山活動でできたものだから、いわゆる地学、地質学の対象にはなっても、歴史学や古代史での価値はないよ、ということなんですね。そういうタイプの人は、タイプというか、そういう人は学者のなかに多いと思いますが、「人工」が加わっていたら、人間の歴史に関係する。こういう区分けをやっている。これは大学のセクションです。地質学で扱うのか、歴史学の研究室で扱うのかということです。そういうわけ方をするわけです。それは一応筋が通っているように見えます。

こういえば、すぐにご理解いただけると思いますが、旧石器時代というのは長いんです。何十万年とあるわけです。よくわからないけど、旧石器というレッテルをつけて、それをわかったような顔をしているわけです。それよりはわかっているのが縄文ですから。これはもう年数もわかっている。人工の物で一番古いのは一万四〇〇〇年前、紀元前一万二〇〇〇年。神奈川県の大和市、ここで発掘された無文土器が日本最古にして、世界最古の、人工的な器物なんです。ご年配の方ははじめてお聞きになったでしょう。習っていない人は、若い方でもはじめての方があると思います。工業製品は世界で一番早く始まった。これはみんな放射能測定による事実であります。土器というのは人類にとって世界で一番古い工業製品で、世界最古の工業製品は神奈川県で始まったということです。

それで今から一万二〇〇〇年前ということになりますと、日本列島では九州から北海道まで、ずらっと出てくるわけです。有名なのは長崎県の泉福寺遺跡というのが、紀元前一万年プラス五〇〇年くらい前ですね。その当時はびっくりしましたけど、今ではそのレベルのものが北海道までずっと、出ないところがないくらい出ている。この話もいい出すときりのないくらいおもしろい話をふくんでいるのですが、それは一応おきまして。

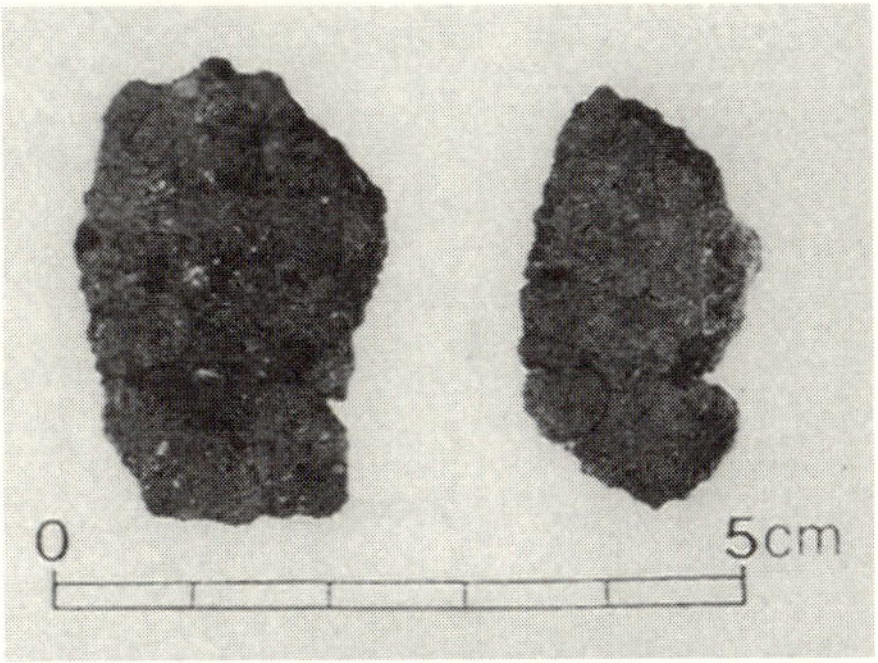

上野遺跡（神奈川県大和市）出土の日本最古の無文土器片

とにかくそのころが縄文の上限で、下限はだいたい紀元前三〇〇年前後ですね。弥生はそこからスタートしています。ただし、従来は紀元前三〇〇年からということになっていますが、最近はちょっと底上げして五〇〇年前後としています。だから縄文は紀元前三〇〇年から紀元前一万二〇〇〇年前。その期間は約一万二〇〇〇年弱です。私なんか、わかってべらべらしゃべっていますが、混乱しますので、ここに示しておきます（次頁図）。

弥生なんか六〇〇年ですから、ちょっとですよ。縄文、弥生なんて並べていうのが縄文に気の毒なくらいですね。そしてこの縄文の一万二〇〇〇年のあいだにいろんな事件が起き

BC12000		《14000年前》	約12000年（弱）
	縄文早期		
BC 4000			
	縄文前期		
BC 3000			
	縄文中期		
BC 2000			
	縄文後期		
BC 1000			
	縄文晩期		
BC 300		《2300年前》	
	弥生（各説若干異同あり）		
AD 300			

ているわけです。それはそうでしょう。学校で習ったのは、弥生のあとの二〇〇〇年の話じゃないですか。ここにもいろんな事件が起きているじゃないですか。それなのに、この一万二〇〇〇年に大きな事件が起きていないはずがないじゃないですか。ただわれわれはよく知らないから、縄文というレッテルを貼って満足しているだけの話です。その何十倍もあるのが旧石器です。旧石器の上限はいつだかはっきりわからない。この何十万年という旧石器時代に人間がぼーっとして、同じ状態でいたなんてことはありえない。たえず発達し、発展し、進歩してきたにちがいない。だからそういうなかで、同じ旧石器人といっても、早い時期と遅い時期では天と地くらい変化している。二〇〇〇年でも変化している。そんな最近の二〇〇〇年とは比較にならないくらいの大変化をしつづけているはずです。

今の上原遺跡などというのは、縄文のころ、六〇〇〇年近く前に栄えたというのが、普通、ストーン・サークルといわれているものです。

巨石信仰の変遷

さて必要な座標軸のために、寄り道しましたが、話をもどします。今、かりに旧石器を二〇万年なら二〇万年としてみましょう。そのなかでもたえず変化がおきているでしょう。そこで巨石信仰という問題にどういう変化が起きたか。大づかみに見ていくと、本来「巨石」というのは、地殻変動のためにで

きた。しかし、地殻変動のためにできたなんていうのは、とてもクールな、生意気な現代の人間の「せりふ」でありまして、古代人はそう考えない。「神が、造りたもうた」、そう考える。その「神が、造りたもうた巨石」が信仰の対象になる。それに人間の手を触れるのはおそれ多いものであると。だからそのときは手を触れてない。ただ拝んだだけでは何も残りませんから。そういう敬意はみな表したでしょうが、それは残らない、という状態が考えられますね。むしろその周辺に旧石器の遺物がちょこちょこ出るかもしれない。破片が。だから旧石器の遺物が出れば、そういうことが十分考えられるわけです。

その後になってくると、一〇万年なら一〇万年と大づかみでわけるわけです。だんだん人間が発達して、といいますか、賢くなっていく。〝悪賢く〟なってくるかもしれませんがね。そうなってくると、たんに自然物の前だけで拝んでいるのではなくて、なにか自分たちなりの造作を、たとえばただの石でなくてこういう割れ目のあるような石がよろしい、とか。ご存じのように、縄文時代は女神の時代ですね。縄文の土偶があるでしょう。土偶は、その九五パーセントくらいが女性ですから、オッパイがあるんです。縄文というのは女性優位の時代。女がいばってる。男は小さくなっている。

余分なことを申しますが、これはうそじゃないと思います。沖縄へ行ってそれを感じました。沖縄の「神の島」といわれる島[11]で、お祭りが行なわれているところにぶつかったんです。すると、おばあちゃんが中心にいて、いばっているんです。若い男や女がその前に出て、次々と沖縄のリズムで踊るわけです。「あれ、おじいちゃんはどこにいるのかな」と思って見まわすと、いたいた、下座の端のほうに小さくなっている。ぜんぜん待遇がちがう。へーっと思いました。のちに私がエジプトへ行ったとき、沖縄の若いＯＬの方二人といっしょになりました。今、ツアーは「女性二人」が席巻しているという話がありますが。となりの座席にすわっていたその方々に「日常でも、沖縄では女性のほうがいばっているんですか」とお聞きしますと、二人がクスクスと笑いながら顔を見合わせて、「そうです」ということでした。「ああ、やっぱり」と思いました。二〇世紀でもそうだということは、古代でもそういうことがあった、ということです。よけいな話をしましたが、もとの話へ帰ります。

そういう女性崇拝の時代。今日も二つありましたが、石の、割れ目みたいになっている岩が。あれはおそらく女性の陰部だと。男性のシンボルだと突出したものですからね。女性が生産の中心で、それが大事なんだという観念が、これは新しいわけですが、そういう観念に合うものが信仰の対象にされるとか。そういう新しい観念、へんな言葉でいいますけど、いわば「旧石器哲学」や「旧石器神学」や、「旧石器常識」ができた段階で、それに合うように遺跡を彼らが変形して使う。それで、ただ拝んでいるより、こういうふうに石で枠を組んでできたほうが、より神聖な場らしくていいぞとか。そういうことをやりはじめるわけです。そこで人工が加わってくる。それは「旧石器・縄文時代の人工」ですよ。そういう大きな変化があるわけです。その中間段階も、もちろんある。

そうするとさっき、大学の研究室別にいったように、いわゆる「自然状態そのまま」なら歴史とは関係ない、「人間の手が加わった」ら歴史に関係があるとか、それは便利なようだけど本当じゃない。実際のリアルな話じゃない。大学の都合で、研究の都合で、対象を分類するうえでわけているだけの話です。だからわれわれは、「自然か人工か」というわけ方ではなくて、やはり今の旧石器・縄文としてのものと、同じような規模や形をもっているかどうか、ということです。いわゆる「人工」を加えた段階ならとくにそれはわかりやすいのですが、外形、外側から観察した内容からいいますと、私の見た感想では、ここのものはもうズバ抜けています。上原遺跡は、さっきいったように、もうこの部屋かもっと二倍くらい大きいか、というものですから。秋田の大湯のストーン・サークルでも規模は小さい。二つの大きな輪が道路をはさんでありますが、ここのものより小さいんです。ここのはずっとズバ抜けて大きなスケールをもっています。

武彦少言(2)

日本の文化行政は「金《かね》に目がくらんで」いる。そういったら、目に角《かど》をたてるお役人や政治家もあろう（平野貞夫さんは別）。

だが、それは当世かまびすしい「汚職」まがいの話ではない。それとは関係がない。関係があるのは、「石の文明」。つまり、弥生時代から花ひらいた「金属器文明、前」の話だ。

「三角縁神獣鏡が出た」「剣が出た」などというと、新聞がとりあげる。学界も動く。シンポジウムがもよおされる。

しかし、「巨石文明」など、新聞もとりあげぬ。学界でも、シンポジウムなど、めったにひらかない。まるで〝扱い〟がちがうのである。早い話、「石棒、石皿」がピッシリと写真化され、その全集が出た、などという話は聞いたことがない。男性と女性のシンボルとして、多産と大自然豊穣の祈りのための「石神」だったのである。

それは、何万年か、何十万年か、知らないけれど、たかが二、三〇〇年盛行した三角縁神獣鏡などとは、格がちがう。歴史の重みを異にしているのだ。

だが、わが国の文化行政が「巨石文明」のあとかたを大切にした、などという話は、あまり聞かない。大湯のストーン・サークルなど、いわば「例外」的だ。それも、「ストーン・サークル」などという片仮名の名がつくと注目される、といったら、いいすぎか。
ともあれ、この二、三〇年、自家用車が普及して、巨石文明は、日常「破壊の危機」に瀕している。庭石などにするため、割って、車に積んで、もち帰るのだ。これを「止める」力は、現今の文化行政にはない。

確かなこと、それは未来の人びとから恨まれることだ。「野蛮な車社会」をやみくもに発達させた現代に対して、嘆きと恨みの矢が突きささってくること、まちがいなし。

現代日本工業文明の誇りとする各自動車会社、「巨石文明保護」のキャンペーン、やってくれませんかねえ。社会への奉仕、むしろ義務だと思うけど。

それとも、社会への奉仕を企業の義務と考えてきた、外国の会社のほうが「先駆け」してくれるかな。

武彦少言(3)

しかし今回、一一月三日（一九九三）の足摺岬の海上・陸上・古代実験に対して、リコーの中央研究所（坂木泰三・金子豊さん）の果たしてくださった役割はすばらしかった。献身的だった。そのおかげで成功した。わたしなど、「付人《つけびと》」にすぎなかった。

その上、ソニーからも、貴重な八ミリ用の拡大レンズ（一〇倍）を無償でお貸しいただいた。深く頭《こうべ》を垂れるほかはない。

姫島の白曜石（黒曜石）

それから、私が来るときに一番心配だったのは、旧石器・縄文の遺物、遺跡があるかどうかでした。つまりさっき私が話したことは、一つの理論として述べたわけです。話を聞いて、「そんなばかな」とお思いにはならないと思います。おそらく、そんなもんだろうなとお思いになると思うのですが、ただそれは理論である。実証がなければならない。哲学じゃないのですから、歴史学ですから。実証とは何かというと、「旧石器の遺物」とか、「縄文の遺物」とかが、そういう巨石のまわりに落ちているかどうか、それが決め手になるわけです。

それがないと、理屈だけはいえますが、やはり弱いわけです。他の学者とかそういう方面に「まちがいないですよ」っていったって、「証拠はなんだ」といわれますからね。それが非常に心配で。しかも今回は忙しくて「とにかく見ておこう」という感じで。旅行ではなかなかそこまで見つからないだろうけど、それが知りたいなあと。

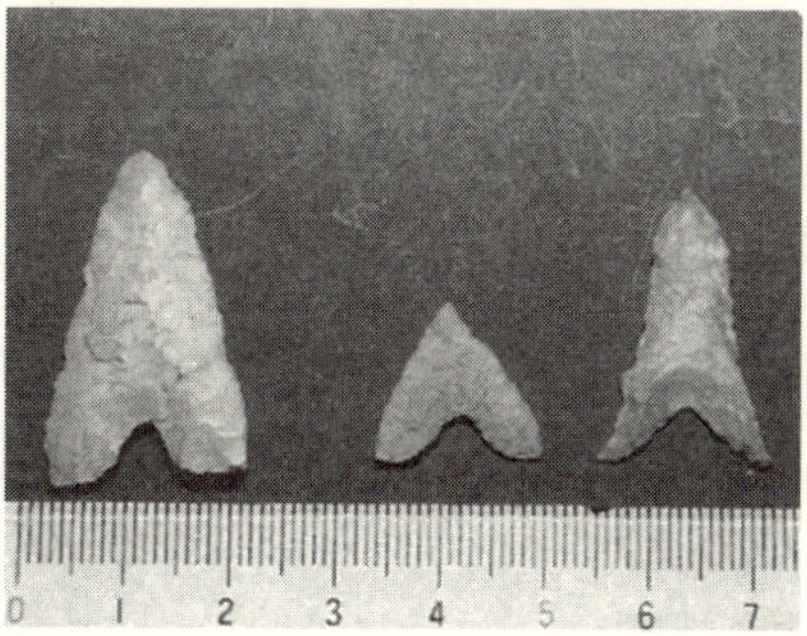

唐人石のまわりの出土物

そうしたらさっき、畑山さんのお話を聞きますと、黒曜石が出ていると。それも姫島の黒曜石が出るよ、と。私はうれしかったですね。それからさっき見てきましたが[12]、今度立派なものを作られていまして、その看板に石鏃《せきぞく》、石のやじり、括弧して「黒曜石」と書いてある。教育委員会で作られた看板に無責任なことを書いたはずはないんですから、私はまちがいないな、と思いました。それで今度は、唐人石のところに行ってみたらですね、洞窟のところから黒曜石のやじりが出てきました、というね。はあ、これならもう大丈夫。あんなところへ遊びに来ていて、それが出てきたなんてことは、今の人ならありますけどね、昔はそんなに暇じゃないですから。これは、やっぱりあそこを、当時の人たちが重視して、ある種の生活の「修行」、つまり生活の中の「修行」的生活を営んでいた、という証拠である。これはオーバーにいってはならないわけで、正直を申しますと、私はそれをまだ見ていない。黒曜石のやじりを。姫島の。「うちにもある」「うちの箱にも入ってるよ」、という話を何人かにお聞きしたので、うそではないと思うんですがね、物を見ていない。物を見ていないうちは、証拠とはいえませんけれども、まあこういったら、明日の朝でも持ってこられると思いますが、まあしかし、お話になる感じからわかりますから、まずまちがいないと。

といいますのは、「縄文にまちがいない」と。縄文というのは旧石器からすると、うんと成熟した時代ですから。縄文というと、非常に素朴な時代と思われるでしょうがね、素朴とか成熟というのは時間的に相対的なものであって、旧石器の成熟の「極み」から縄文が生まれたわけ。そこで、「極み」から生まれたという点で、これもよそ道ですが、大事なよそ道を一言させていただきます。

火山列島・日本の先進土器文明

実は日本列島は縄文土器の世界で一番古い場所なんです。中国は日本列島と比べて問題にならないんです。

中国の江南の河姆渡《かぼと》遺跡というのが出てきました。有名な会稽山の近くです。玦状耳飾りが、日本列島ではたくさん出ますが、これは日本列島の特産物だと思われていましたが中国の江南からも出土したわけです。耳につけるものですから、そんな大きいものではありません。一番よく出てくるのは、信州と関東です。中国では「石玦」といいます。

これが中国の江南から出てきました。それも日本の九州くらいの広さの地域からです。ですから「石玦文明圏」というのが、江南から日本列島へ広がっている。これは事実として疑えません。この河姆渡遺跡というのは、いつかというと、六〇〇〇年前、西暦でいいますと、紀元前四六〇〇年ごろです。お隣の省の仙人洞というのが八〇〇〇年くらい前、紀元前六〇〇〇年くらいです。日本で一番古いのは、大和市の無文土器、神奈川県です（一一ページ参照）。一万四〇〇〇年前、西暦では紀元前一万二〇〇〇年ごろです。横浜の近くです。やたらに古い。韓国も日本に比べると新しい。

笑い話がありまして、「日本は原爆が落ちたから、放射能数値が古くなったんだろう」と。まあ、物理学者が聞いたら笑い出すようなことを、考古学の関係の人びとが話していたのを、私は聞いていますがね。

ようするに、日本列島はやたらに古い。私たちの年齢の人はみな知っていることですが、「チグリス・ユーフラテス文明が世界で一番古い。そこの土器などの文明が、世界各地へ伝播していった文明のもとだ」と習ったものです。そう書かなければ、われわれの中学時代、マルがもらえなかったのです。今でも、みなさんは「あのチグリス・ユーフラテスは、文明が古い」という感じでしょう。ところが、あそこの土器は、日本列島に比べると、ぐっと新しい。何千年か、放射能時代はおちるのです。戦前は、もちろん「放射能年代」などやっていないのですが、それなのに「チグリス・ユーフラテスが一番古い」と、戦前の先生は断言してしゃべっておられたわけです。

もし、こういった、世界で一点が中心、あとはそこからの伝播という考えが正しいとすれば、その考えを現在適用すれば、「日本の文明が世界に伝わったのです」ということになるわけです。ほとんどだれもそうはいいませんけどね。

なぜかといえば、現在、土器について、「一か所が独創で、あとは全部模倣、伝播」という原理は承認されていませんから。日本が最古であっても、あとはすべて「ここから」というわけにはならないわけです。しかし、日本列島のお隣の中国大陸や韓国へは「日本列島から」という可能性は、もちろん大きいわけです。

ともかく現在、日本列島の土器が世界最古であること、その事実は動きません。

では、なぜか。それが問題です。「今に中国にもっと古いものが出てくる、今に」と、学者たちがいっているうちに、一〇年、二〇年とたってしまったのです。いまだに出てきません。そこで、私は理由を考えてみました。まず第一に火山です。火山が爆発したら熔岩が流れ出します。流れ出すと、石だけでなく、土も焼きます。粘土質の土を焼いたら、土器と同じような性質の土に変質します。それを旧石器人が見ます。見ると、「ああ、これは、あの火のせいで、こうなったのだな」と考えます。そこで火を使って土を焼き、土器を作った。火山がお師匠さんです。そのように土器が生まれた。見たわけじゃない、私の想像ですけど、そのようにして土器が生まれた。

そう考えますと、便利のいい点は、日本は火山列島です。時期によっては、たえず火山が爆発している。そして大事なことは、縄文時代は「富士山が火をふいていた」ということです。夜、関東や東海の各地でそれが見えたはずです。すごい光景ですね。北斎の画にも、そんな富士山はありませんね。関東には今でも富士見台とか、富士見山とか、そういった名前が各地にあります。そういうところでは、夜、実際に火をふく富士山が見えたはずです。今は、ビルなどが立っていて、もちろん火もふきませんから、とても見えませんけどね。そのような「あの富士山は火をふいている」といった情報は、縄文時代の日本列島各地に口から口へ伝えられていたはずです。

もとに帰りますが、このように日本列島には火山がある。しかし中国大陸にはほとんどありませんね。

韓国にもない。朝鮮半島の北のほうに少しありますが、全体としてはほとんどない。だからこれらの地方に土器が早く出てこないのは、「彼らの頭が悪かった」、そんなことではまったくない。ただ、「お師匠さんがいなかった」、あるいは「少なかった」からです。私はそう思います。

黒潮に浮かぶ日本

もう一つ、理由があります。それは、黒潮。日本のことを一口でいえといわれたら、「黒潮にかこまれた火山列島」です。対馬海流も黒潮分流ですからね。黒潮本流と黒潮分流とにかこまれているのが日本火山列島であるといえば、ひと言でいえるわけです。ですから魚を獲るために、沖にいて、風が出たために黒潮にのせられる、そういうことがあるわけです。そのときどうなるか。これは、手づくりヨットで世界を一周された青木洋さん、堺の方ですが、二〇代のはじめのころ、この方からお聞きした話があります。

これは、あとでも申しますが、魏志倭人伝において、弥生時代またはそれ以前、つまり縄文に、太平洋を渡ってアメリカ大陸へ渡った人たちがいたのではないか、という、そういう問題にぶつかって、実際の経験をこの青木洋さんのところへ聞きに行ったわけです。

この方について、またよけいな話をするわけですが、この方について触れると、どうしてもお話したいことがあります。この方がサンフランシスコに着いて、へとへとになった。世界一周といっても「無寄港」ではないですからね。サンフランシスコで一か月逗留してもいいわけです。そこで青木さんはお家に電報を打った。「世界一周はやめた」と。ここまでしかいわれなかったのですが、私は察したんです、後半分を。「金送れ」と。飛行機で帰ればいいんですからね。ところが、親父さんの返事がすばらしい。「返るな。男子が一回決心したことは、やめるな」と。だからもちろん、金を送ってこなかったのでしょう。そこで泣く泣くまた皿洗いなどして金をためて、世界一周をして日本へ帰ってきた。つく

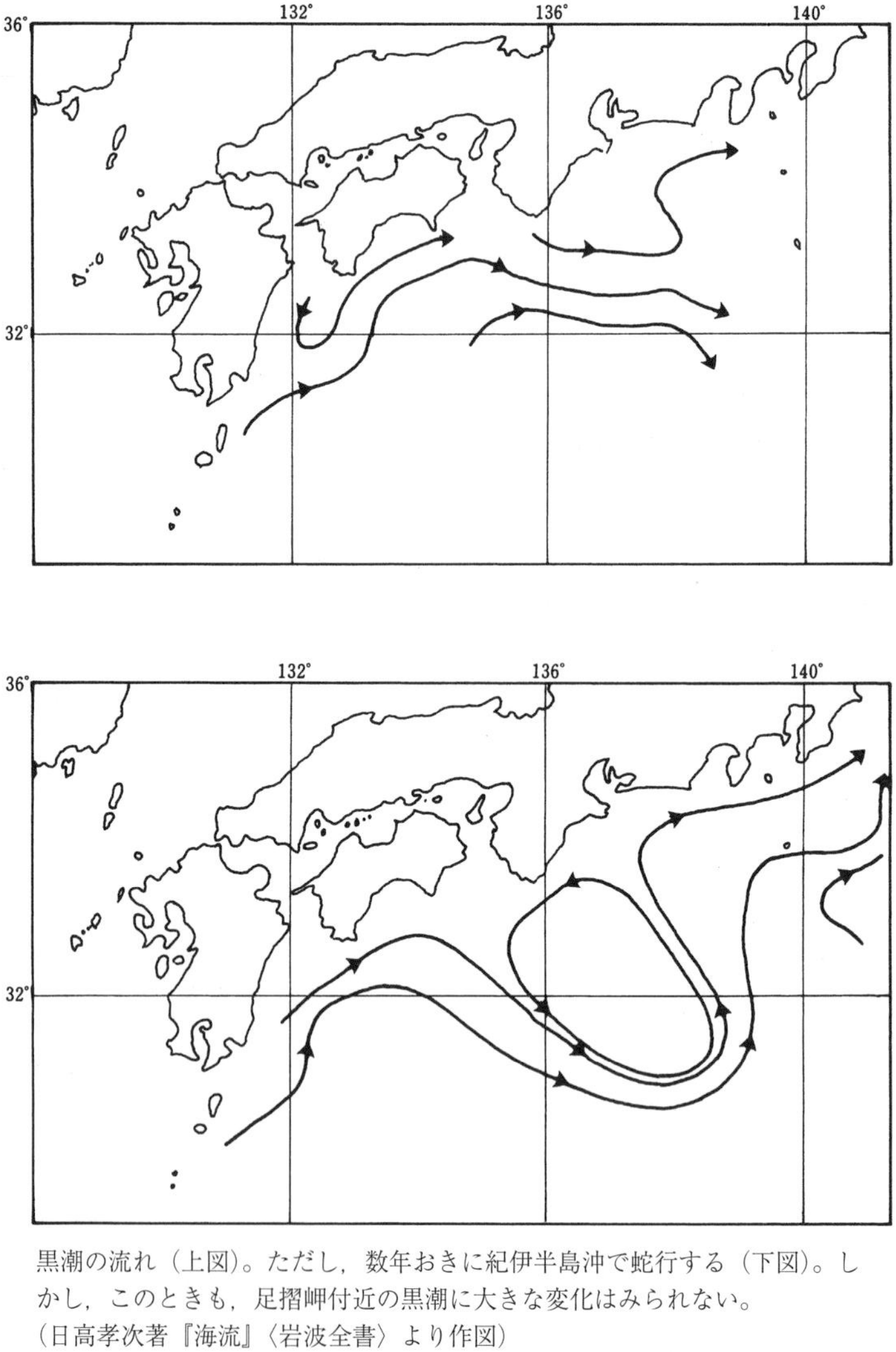

黒潮の流れ（上図）。ただし，数年おきに紀伊半島沖で蛇行する（下図）。しかし，このときも，足摺岬付近の黒潮に大きな変化はみられない。
（日高孝次著『海流』〈岩波全書〉より作図）

づく青木さんがいってました。「やめなくてよかったですよ」と。まったく日本的な親父さんですね。親父さんの鑑《かがみ》だと私は思っています。

どうしても、この話はしたい話なので、よけいな話ですが、しました。

さて、問題のことを、青木さんに聞きますと、「縄文時代でも、絶対にアメリカ大陸へ行っていたと思います」というんです。「では、水はどうした」といいますと、太平洋の上でも、スコールみたいなのが一週間に一回は必ず降る、というんですね。そのとき、かめでも何でも、水をためるものがあればいい、と。ためてあれば、一週間くらいたってまた雨が降る、というわけです。では食糧はどうするかというと、これは心配ない。つり針と糸をもっていれば、魚がつれる。えさは、魚が時に飛びこんでくる。その魚を解体してえさにしてつりをすると、すぐかかる。針をおろすとすぐかかる、というのです。

それで笑ったんですが、私は父親からつりを習った。父は土佐の荒海で育ったのですが、その父から習ったんです。広島県の呉市の近くの天王というところで、親父に教わった。しかしなかなかうまくつれなくて、親父からいろいろとコツを教わり、子供心にうれしかったです。ところがあれは今考えてみると、海岸線ではなかなか魚のほうに家庭教育が浸透しているんですね。えさが上から来ても、「あれは人間という賢いお猿さんがいて、やっているんだから、ちょっちょっとつついても、パックリ食べてはいけないよ」とか、そういうノウハウが浸透しているのではないでしょうか。だから私のような子どもの針にはかかってくれなかったのではないでしょうか。

ところが、太平洋の真んなかでは、家庭教育があまり行なわれていなくて、すぐパクリ、パクリと食いつくんではないか。まあ、魚ばかり食べていたから、もう世界一周はやめた、ということになることもあったかもしれませんが、ともかくそういうことで食べ物は心配ない。

とすると、あとは、水をためるものです。ところがおもしろいことに、沖縄は土器がおくれるんです。沖縄国際大学の学長さん[13]が考古学者で、「なぜ、沖縄は土器がおくれるのか」と、私に聞かれましたので、私は答えました。「いや、沖縄にはヤシの実や天然の大きな貝のような器《うつわ》があるから、土器の必要が少なかったんですよ」と。

だから、おくれただけなんです。それなのに本土の考古学者の方は〝うぬぼれ〟て、「沖縄は土器の出現がおそいから、文明もおくれていた」などという人がいますが、これはまちがいです。さんぜんたる貝の文明が土器の文明以前に存在した、そう私は思っています。人間が土器を発明する以前から貝はあるのですから、これも、おもしろい問題があるんですよ。今日は省略しますけれども。「土器の出現がおくれたからといって、文明がおくれたわけではありません。すばらしい貝の文明があったと思います」と申しあげたら、学長さんは、「そうですか」と、とても喜んでおられました。さすが、プロですから、すぐおわかりいただけました。それはともかくとして、日本列島の大部分は、ヤシの実も、大きな貝もない。しかし黒潮はある。そこで「器《うつわ》」としての土器が必要になったのです。まさに「必要は、発明の母」です。そして、火山が発明のお師匠さん、私はそう思っています。（他に「旧石器人の成熟」という問題がありますが、今日は省略します）

武彦少言(4)

沖縄国際大学の学長、高宮廣衞氏のお人柄は朴直にして飾り気なし。真の碩《せき》学の風貌をお持ちだった。考古学者である。沖縄の縄文土器が本土よりおくれる、そのことを悩みとしておられた。事実、私は何人かの「本土」の考古学者たちから、〝沖縄はたいしたことはない〟といった風評を聞かされた。

民俗学や古代史の分野で、沖縄を〝日本古代史や民俗学の一原点〟として尊重する学者が少なくないことと、これは好対照だった。

私が高宮さんに、土器の文明に先立つ「貝の文明」の古いこと、それを明らかにしなければ、日本はもとより、中国の古代文明も明らかにしがたいこと、それを申し上げたときの、高宮さんの顔の輝き。それは、少年のそれだった。美しかった。

（同大学の遠藤教授が京都洛陽工業高校時代の同僚であり、その導きによって同氏にお会いできた。感謝したい）

武彦少言(5)

漢字のなかに「貝へん」のついた文字は多い。「財」「貯」「賣（売）」「買」「貨」など、〝価値あるもの〟〝有料交換〟など、〝値打ち〟物を示す文字が少なくない。それは、中国の文字の成立以前に、東方や南方の「貝文明」が先在文明として存在していた、その「証跡」ではなかろうか。少なくとも、「金へん」の文字だけに、貴字が集中する、そういった様態ではない。（ほかに、西方の「玉文明」の影響をしめす「王（＝玉）へん」のついた文字群がある。これは、金属文明以外（以前）に、西方（甘粛省・青海省・新疆省）の玉の産地の古代文明が先在し、のちの黄河領域文明に影響を与えた、そのこん跡である）

2 ストーン・サークルの成り立ち

さて今現在、私の認識では少なくとも姫島の黒曜石のやじりがあった。しかも一つや二つではなく。「家庭に持ってかえって、箱にいっぱい入れておりました、それでいつも縄文の話をしてました」、という話を今日もうかがいました。これは少なくとも縄文にさかのぼるわけです。その実証が得られた。さらに旧石器の遺物で、石鏃というのがあるでしょう。このくらいの尖った、そういう旧石器・縄文のものが出てくれれば、旧石器・縄文にさかのぼると、その実証ができる。これからの楽しみですね。私はおそらくここから出てくると思います。少なくとも縄文まではさかのぼることができる。

人工のこん跡

ということで、みなさんご存じのように、この規模が今のところわからない。あまり広がりすぎて。それで、そのなかにある石も、それ自体は天然で作られたものですが、唐人石は、あれをこう〝置いた〟んじゃないかとか、こうなってでっかいものがこうのっかって、それにしては自然でああなっているんでは上の石がでかすぎるとか、たいへんな力学的な努力をしなきゃ置けないんだが「置いたように見えるんだな、ほんとに置いたのかな」とか、そういう感じがあるわけです。これも今後の楽しい課題ですね。

それからはっきりしたのは、これらの大きな石に、一条の〝折り込み〟みたいな線が入っていること。どう見ても自然でできたものではないわけです。これは明らかに人工の加わったこん跡が明白にある。そういう意味でこれは、非常に貴重な例ですね。

巨　石

ということで、とりあえずさきほどの理論的な座標軸で考えますと、自然物を自然物のままで、手を触れるのをきらって、礼拝していた時期もあったでしょうが、それだけではなくて、かりに縄文後半としますと、人工の、手を触れて、縄文後半人の頭で造作したこん跡はあるんです。これは大きくもあるし、小さくもある。一番最後に見せていただいた物のなかに、木が立っているような、あまり大きくはないが、そこを石が取り巻いているようなかわいらしい場所がありました。あれはもしかしたら、神木を祭る場であったかもしれません。断定はできませんけれど。

まあ、バラエティのある、いろんな段階がありますよ。だからこれは単純な知識のものじゃないです。かなり多くの時間帯に、「ローマは一日にしてならず」ですね。この「唐人石遺跡は一日にしてならず」。かなり長い年月を経て形成されてきたものである。それはまちがいないと思っています。

時間もたってきましたので、ご当地の遺跡についてのしめくくりをいたしますが、これは非常にまれに見るすばらしい遺跡である可能性を内包している。「遺跡である」ことはまちがいない。今思っているより、もっとスケールの大きいものである可能性を内包している。今日、私は全部をまわっていません。私がまわったのは、唐人石と、唐人駄場だけです。その上の白皇《しらお》山[14]ですか、そういうところにはぜんぜん行っていません。「あと二回くらい来てもらわなければ」「二回でいいんですか?」と。二回ですみそうな気があまりしないんですけれども、何回でも、来れば来るごとに広がっていく、変わっていくという感触を私は覚えます[15]。

私からお願いしたいのは、やはり、このすばらしい遺跡をぜひみなさんで保存するということ、保存するだけではなくて、やはり世界からだれが来てもいいような、学問的なスケールを与えること、これは絶対に大事なことだと思います。

ヨーロッパのストーン・サークル

それから、これがストーン・サークルかどうかということを心配しておられたわけですが、正直いいますと、ストーン・サークルという貧弱な名前をつけるのは惜しいような気がします。みなさん、ストーン・サークルというと、カタカナでかっこういいですから、「カタカナになるんならたいしたもんだ」と、変ないい方ですが、お感じになるかもしれません。しかし私は、今日気がついたのですが、ストーン・サークルという言葉は非常に貧弱な言葉です。

なぜかといいますと、ヨーロッパのイギリス[16]とかフランス[17]とかの巨石信仰の跡をまわったのですが、それはみなナゾであり、時期がわからないままである。それが、観光案内からかなり学問的なものにいたるまで、しょっちゅう出てくるわけです。それが魅力で、そんなわからないものなら見てみたい、という感じで二回ほど行ってきました。

ところが何にもわからないことはないのです。わからないようにしているわけ。なぜかというと、つまり、石組みがあるでしょう。石組みはただ遊びで石組みしたんじゃない。当然、真んなかには、巨石の神様であるというような信仰の対象の石があったわけです。それを壊したんですよ。最終責任者はクリスチャンです。もちろんいろんな段階はありますから、クリスチャンが入ってくるというか、ローマの支配が入ってくる以前から、壊された形跡はあって、すべてがクリスチャンの責任とはいえませんが。ただやはり、最終責任者はクリスチャンですね。

そして、これは理屈だけじゃなくて、ヨーロッパの記録に、熱心な牧師さんが熱心な信者を連れて、神石、ご神体を壊しに毎日出かけているという記述もある。彼らは「記録魔」ですからね。「今日はいくら壊した、今日はいくら壊した」と、手柄顔に書いている。あれは悪魔の石だというわけでしょう。

こんな話をしていると時間がなくなりますが、アメリカなんかにも、〝ガタガタと机が震えたりする〟のがあるじゃないですか、超科学的な現象みたいなのが。あれはだいたい、古代信仰の世界だと思うんです。日本でも〝七転八倒する〟のがあるじゃないですか。ああいう類の話をとってきて「悪魔の仕業だ」と。それでたいてい、ああいう映画は最後に十字架が出てきて、「めでたし、解決しました」、となる。日本なら、水戸黄門の「印籠で解決しました」みたいな、ですね。あそこで悪役にされているのが、今の巨石信仰の、キリスト教が入ってくる前の、何十万

古代文字のシンボルと十字架の組み合わせ（アイルランド）

年とつづいていた信仰や習俗である。その一番の信仰の対象をぶっこわしてるから、まわりだけあって、それがナゾだと。

ストーン・サークルと巨石信仰

それでわれわれ、日本で遺跡を見た人間がヨーロッパくんだりまで行って、それを見ると「ああここが欠けているな、ここがないよ」とわかるわけです。基本的に、なにもナゾがない。ナゾにしているだけなんです。だからまわりの「輪」だけを「ストーン・サークル」といっている。中身のないサークル。

カルナック遺跡
（フランス・ブルターニュ地方）

あれほどクリスチャンの「浅はかさ」——ごめんなさいね、別にキリスト教がきらいで悪口をいっているわけじゃないんですが、あれほどの破壊をしたんだから、ちょっとがまんしてもらわなければ——、その「浅はかさ」を示したものである。中身はありません。外がサークルです。

でも、ここは中身があって、サークルもまだあるんです。

ただ唐人駄場がサークルだという話ですが、少なくともこれはサークルの一部だとはいえるかもしれないが、本当ではない。もしサークルがあるとすれば、その巨岩をかこんだ壮大なサークルがありうるんですが。西沢さんたちとまわると「ありますよ、ありますよ」といわれて、実際、まわってみたら、「ここにも石があった、ここにも石があった」と。どうもこれはつながっているという、そういう感覚でおっしゃっている。まだ十分に学問的調査に立っているわけではないですけど。もしサークルがあるとすれば、もっと広大なサークル。それをサークルではないという必要はないのですが、しかしあのヨーロッパあたりのサークルという名前では、かわいそうですね、中身を残したこの「巨石信仰の跡」が。

　だから私は、まあ、カタカナの好きな人が多いから、それでもいいんですが、どうせ使うなら、――今晩寝たら、もっといい名前を考えつくかもしれませんが――「ストーン・サークル・オリジン」とかね。そんな名前じゃないと、あんな貧弱な「複合ストーン・サークル」なんて、ヨーロッパ人のクリスチャンが描いたイメージを当てはめたら、ここの神様は泣きますよ。

　今日も、帰ってきたら、市の方から真っ先に「ストーン・サークルですか」と聞かれましたが、「だいじょうぶです。ストーン・サークルなんて、けちなものではありませんよ」とお答えしたわけです。

　もちろん、これはこれから慎重に取り組まなければなりません、それは当然ですが。さっきいいましたように、黒曜石のやじりであるとか、まだ旧石器の石鏃はないとかね、いろいろ客観的に調べなければいけませんので、これはもうじっくり時間をかけて。「やっぱりあのとき思ったことはやっぱりそうである」「しかしここのところはちがっていました」と、ちがうことは、当然ちがったといえばいいわけですから、今申しあげることはできると思います。

　正直いいますと、今日、講演という話があって、内心「いやだな」という気持ちもあった。どうしてかというと、ちょっと困るときがあるからです。行ってみたはいいものの、たいしたことがなかった場合に、地元の人に「たいしたことなかったですな」、とはいいにくいじゃないですか。ところが今日、ここへ来るときは意気揚々として、ぜんぜん「いやだな」という気持ちはなかった。しかもそれが自分の父祖の地であった。ここで、またよけいな話をしますが、親父が広島県で墓を作るときに、南へ向かった高台に作った。「土佐が見える方向」だというわけです。実際は見えないのです。愛媛県が見えるだけ。だが「土佐のほうが見える」。涙ぐましい土佐っ子です[18]。

それで、これから未知のところがあまりにも多いですから、じっくり取り組ませていただきたいし、みなさんにいろいろと教えていただきたいと思っているわけです。

3　文字をもった一大文明圏

ここへ朝、船で着いて、車に乗ってお話ししているうちに大きな収穫があったので、そのことをお話ししたい。

「美しい港の尾っぽ」

前の教育長の畑山さんが松尾のご出身であるということをお聞きしました。その松尾の「マ」は、真実の「真」であり、「マツ」というのは「真津」、美しい港という意味で、「真津尾」。ここだけ美しい松が生えているから「松尾」、ということではないと思うんです。たとえば山口県の下松《くだまつ》は、いい港になっているところです。ですからこの「マツ」は港の「マツ」ですね。下松の「クダ」は、果物の「クダ」であったり、百済の「クダ」であったりする。韓国や朝鮮の人は百済を「クダラ」とは絶対にいわない。日本人は「ヒャクサイ」とはいわない。これもおもしろい問題だと思いますが、時間の関係で今日は立ち入りません(19)。

それでは松尾自身が美しい港かというと、そうではないわけです。図式的に書きますと、「マツ」の尾っぽに当たるところに松尾がある。そうすると「マツ」はどこか。理論的には松尾のすぐそばに港があって、そこが「マツ」だという、非常にミニチュアな可能性もある。しかし、もう少し大きなスケールで考えてみるなら、「マツ」とは土佐清水港ではないかと。つまりこのあたりで一番大きな港が土佐清水であるとすれば、土佐清水を「マツ」という。山を越えたつながりの尾っぽに当たるところだから、松尾といっているんではないか。これは、〝当たるも八卦、当たらぬも八卦〟くらいのつもりで聞いてくださいね。

土佐清水を昔はなんといっていたかと聞きますと、キヨミズといいました、とのことでした。これは美しい水が出るところだと思うんですよ。きたない水のところを「キヨミズ」と呼んでも、人は納得しませんせん。これは昔の港の条件です。港の条件は、大きくいえば二つあるわけです。一つは非常に入りくんだ湾になっていること。なぜかというと、昔の縄文や弥生の船は底が浅いわけです。今みたいな程度の、海岸の杭に綱でくくりつけておくだけでは、夜のうちに大風が吹いたら黒潮にのって漂流してしまいます。だから非常に深く、入りくんだところを港に使ってるわけです。昔の土佐清水の港の情景を見ると、この条件にぴったりです。あれならいいですよ。これが一つ。

そしてもう一つは、清い水が出ること[20]。

土佐清水は昔の縄文、弥生の港の条件にドンピシャリのところです。だから「マツ」と呼ばれていたところが、その後、土佐清水に名前が変わった、変えられた。しかし昔の名前は松尾に残っている。これが地名である。

「乞食と地名というのは、三日やったらやめられない」という。おもしろいですか、ね。

鏡岩と「日向」の由来

それから、古事記・日本書紀は私の大事な文献ですが、私はその文献と民俗伝承と考古学的出土物と、この三つを結合して理解していく。これは「文献」と「伝承」のある場合です。この三者がどれも文句をいわないようなものでなくては、歴史事実とは認められないという立場なんです。ですから、古事記・日本書紀という「文献」は、私には大事な対象であったわけです。

そこでいつも頭に引っかかっていたことがある。宮崎県日向。「ヒュウガ」という言い方も非常に変わっていいます。普通の日本語ではあまりお目にかからない言い方です。ヒュウガの日はお日様の「ヒ」だからいいですが、あと「ユウガ」というのは、何で「ユウガ」になるのか。それは今はいいませんけど。問題はこの「日向」という字です。漢字は、あとで当て字にしているわけです。当て字といっても、古事記や日本書紀では全部これですからね。古事記や日本書紀ができる以前から、この字を当て字しているわけです。日向は九州の一部ですから、九州から見て宮崎県に日が向かうということはありますか。宮崎県から日が出るというのならいい。しかし「宮崎県に日が向かう」ということは、夕日じゃないですか。これがたえず頭に引っかかってきた。

ところが今日、船のなかで畑山さんが撮られた写真を見せてもらった。すると鏡岩というのがあるんです。大きな石ですね。その鏡岩の面が平らで、しかも石の材質がキラキラひかるものである。つまり、その平面に対して、太陽の位置がよければ、朝晩その太陽を受けてキラキラとひかるわけです。それが古代人の礼拝の、信仰の対象になってきた。この鏡岩というのは日本各地にある。相撲取りで横綱鏡里という人がありましたね。にくらしいほど強かった。平常はやさしかったけど。土佐では玉錦ですが。あの鏡里も、鏡岩にちなんだ地名からとったのかもしれません。東北でしたか。(21)

これが日本における太陽信仰や月の信仰の一つのスタイルである。山がちの島で、火山列島だから、そこには石や岩があり、そのなかには太陽や月の光を受けてキラキラひかる岩がある。それが信仰の対象になる。その鏡岩がここにもあると聞いてね、あることがピンと来た。

それは、「日向」という地名をつけたのは土佐清水側ではないか、ということです。すると日が向かうじゃないですか。夕日が宮崎県へと。

亀石の一つ

大和中心の解釈のあやまり

ところが古事記・日本書紀の注釈を書いた人は、大和が中心で書いていますから。「近畿天皇家一元主義」ですから。私の立場はそれに反対で多元史観といいましてね。近畿天皇家は何も悪いとは思いません。それで説明できるものはそれでいい。しかし、なんでも歴史をそれで説明できるというのは、大うそでありまして、早い話、旧石器や縄文はそれでは説明できない。それを説明できるというのは、明治以後天皇家の時代になって、「天皇家中心に歴史を説明してみよう」という立場でやっているだけのことであって、基本的に客観的な歴史はそれではできない。それで明らかになるところもあるが、それで見えなくなるところもあまりにも多い。世界的に意義があると思われる、この遺跡も見えなくなっていますね。

基本的には、それぞれの土地にはそれぞれの歴史がある。それぞれの土地で旧石器をもたない土地はない。だから、それぞれの歴史に立って、それぞれの尊厳なる歴史を理解する。これは当たり前の話ですね。世界の学者に聞かせると、そんな当たり前の話をなんでいうんだ、ということになりますよね。日本人はそうなっていないから、そう思わなかっただけです。そして私はイデオロギーなし。この遺跡をご紹介いただいた平野さんが自民党であろうと、共産党であろうと、まったく関係ない。あの方の熱情はすばらしいと思いますが、私に関係があるのは真実だけです。くりかえしますが、イデオロギーではなく、大事なものは歴史の真実だけ。当たり前すぎることをいうようで申しわけないのですが、初めてお会いするみなさんですから申させていただきました。

そういう目で見ると、どうも当時の近畿あたりの人たちが、日向というのを大和中心で解釈しているのはおかしい。だって、大和から日向なんて見えませんよ。大和にいて、西といえば二上山という山がありますがね、その二上山のあたりに日が沈むならわかりますし、そこを日向と書くんならいいですよ。

それから大阪と奈良県の境のところに暗峠《くらがり》がありまして、縄文ではここも神様を祭る場所、磐倉のクラで、こういう問題にぶつかりまして暗峠に行ってみた。そんなに大きくない山ですが、その山にしめ縄が張ってある。山の下から三分の二くらいのところ、山全体に。これはかなりの長さですよ。まさに山全体が御神体ですね。

そういうところもありますが、暗峠から見ると、淡路島が眼下に見えるんです。大阪湾も一望の下に見える。だから淡路島を日向と書くならこれはわかる。しかしあそこからだって宮崎県は見えませんよ。だから大和から見て、日が向かうところだから日向だなんてね、学者が紙の上でいっているだけの話です。ぜんぜん実感がない。それが非常に頭に引っかかっていた。

それが今日見て、この日が向かうという地は、土佐清水。このまわりをふくんでもいいです。こちら側の人がこの「日向」という字を当てたんですよ。これはすごい話ですよ。するとここに古い文字文化圏があったということを意味しますから。古事記・日本書紀よりも古くなるでしょう。古事記・日本書紀がこの字面を採用しているんですから。

すると実は古事記・日本書紀は、この土佐清水の文化圏の文字の使い方の影響を受けて成立した。これはなにもおかしくはないんですが、今までの教科書では「天皇家の下にすべての歴史が開いていく」というから、おかしくなる。これはやりすぎですよ。そんなことをしなくたって、天皇家はご立派で、そのために日本が統一国家としてうまくいってきたんならね。それでいいでしょう。それをあまりにこじつけて、天皇家と関係のあるものはすばらしいが、関係のないものはくだらん、というようにすると、これは長続きしません。人間の道理に反しているわけです。

その被害を一番こうむっているのは薩摩です。

日向《ひなた》峠より日向《ひなた》山方面（高祖山連峰）を望む（右手）

造られた宮崎・鹿児島の天皇陵

薩摩へ行ってほんとうにがっかりしたんです。なぜかというと、あそこには立派な看板があって壮大に整備されているのですが、みな「ニニギノミコト」や「ヒコホホデミノミコト」といった、天皇家ゆかりとされる神社や遺跡ばかりなんです。しかし、これははっきりいってまちがいです。

いいかけたので、いってしまいますが、「天孫降臨」というのは、古事記にアマテラスオオミカミの孫ニニギノミコトが「竺紫（チクシ）の日向（ヒナタ）の高千穂のくじふる峯《たけ》」に天降った、と書いてある[22]。正解からいいますと、「竺紫」は福岡県。「日向」は福岡市と前原市とのあいだの高祖（タカス）山連峰。日向《ひなた》山、日向《ひなた》峠があり、日向川が福岡市のほうに流れ出して、室見《むろみ》川に合流しています。しかも筑紫のなかです。しかも、一番いいのは、「くじふる峯」があるんです[23]。ところが宮崎県と鹿児島県のあいだには、「くじふる峯」がないんです。「高千穂」はありますけど、肝心の「くじふる峯」がない。中間の「日向（ヒュウガ）」と「高千穂」で勝負しようというのは、第一段の「竺紫」、第二段の「日向」、第三段目の「高千穂」、第四段目の「くじふる峯」、そのなかの第二段目と第三段目だけできめろ、ということです。私の住所を、「東京都」は日本全土をいい、「〜マンション」

はないが、中間の「文京」と「本郷」だけあればいいというのと同じで、むちゃな話です。今どき、「文京」ばやりですし、「本郷」なんていたるところにあります。そういうきめ方をしているわけです。

そこで薩摩に「ニニギノミコト」、その他いくつも初期の墓があることになった。そこで、大正元年に西都原古墳の調査を宮崎県が行なったんですが、失敗した。「失敗した」というのは、立派な古墳群は出ました、だが、時期的にも、古墳時代のややおそい時期の古墳だった。その上、「三種の神器」は出なかった。薩摩も日向も出なかった。ところが、福岡県の高祖山連峰の東西からは、立派な弥生の王墓が出てきて、そこからはみごとな「三種の神器」が出てきたのです。福岡市の吉武高木、前原市の三雲、春日市の須玖岡本、前原市の井原、平原です。それに海を越えて金海の良洞里です。鏡、勾玉、剣がたくさん。平原など、鏡は五〇面近く、玉類は二〇〇〇個以上出ています。一人分ですよ。三雲、井原は江戸時代、須玖岡本は明治、平原、吉武高木は戦後です。平原は果樹園、吉武高木は田んぼのなかからです。日向川と室見川の合流したところ、この吉武高木が最古の三種の神器（三種の宝物）の出土地です。春日市の須玖岡本は、この豪勢な三〇面以上の鏡とともに唯一の中国絹が出土しています。唯一出たのです。

良洞里は新しいんです。韓国です。近ごろ、なんでも韓国中心の歴史を説くのが一つの流行になっています。もちろん、ほんとうにそうなら、それでいいのですが、イデオロギーで、「韓国中心」では、困ります。良洞里の場合、鏡は新しい、「小型仿製鏡」です。日本製ということです。新しいのです。

それなのに、強引に宮崎県と鹿児島県とのあいだの高千穂を「天孫降臨」の地とし、鹿児島県へ最初の「天皇陵」をもってきた。そこでさっきいったように、薩摩では、立派な「天皇陵」が大々的に「指定」された。明治も、はじめのことです。そして明治天皇が薩摩へ行幸された[24]。

これらはイデオロギーです。イデオロギーでやると、学者がいくらいってもだめだし、権力者も結局はおしとおせず、失敗する。私はイデオロギー抜きです。どんなイデオロギーも、こわくない。真実だけ求める立場です。さきほどもいいましたように。

では、「福岡県がえらい」のか。ぜんぜんそんなことはありません。その証拠に、剣と鏡と勾玉と、三つのうち、二つは金属器です。中国や韓国から渡来したものです。中国、朝鮮半島から一番近いところが福岡県です。そこへ伝わったのです。一つ、勾玉は縄文からあります。では、縄文はたいしたことないか、とんでもない。縄文時代は日本列島各地に広がっていた。縄文時代こそ日本列島が世界に先んじて工業文明をひらいたところです。その縄文時代のすばらしい遺跡がこの足摺にあるわけです。

このようにして足摺岬近辺の縄文遺跡のもつ意義へとたどり着いたわけです。

豊予海峡にまたがる姫島文明圏

もう一つ気になったのは、例の「臼碆（ウスバエ）」[25]。みなさんはあれほどよく知っておられたのに、私は今回、聞き始めでした。「ウスバエ」というのは、南の風のことをハエというじゃないですか。ああいうものと同類語じゃないか、同じ似たような言語じゃないかと、私はなんとなく感じているんです。これはまだなんとも断言しませんが。

ところがはっきりしてるのは「ウス」。「ウス」といえば、大分県に臼杵郡というのがあります。あの「杵」は、要害の城だと思います。それと同じ「ウス」であると。「ウズ」であるかもしれませんが、「ウス」であることはまずまちがいないだろう。つまり大分県側とここは同一文明圏。その歴たる証拠は姫島の黒曜石がやってきていることです。これほど明白に、まあ、姫島文明といってもいいですが、それがこの豊予海峡の両岸にまたがった文明圏であることを証明している。

そしてその文明圏はさっきの遺跡の話が物語るように、三種の神器なんていう、チャラチャラしてい

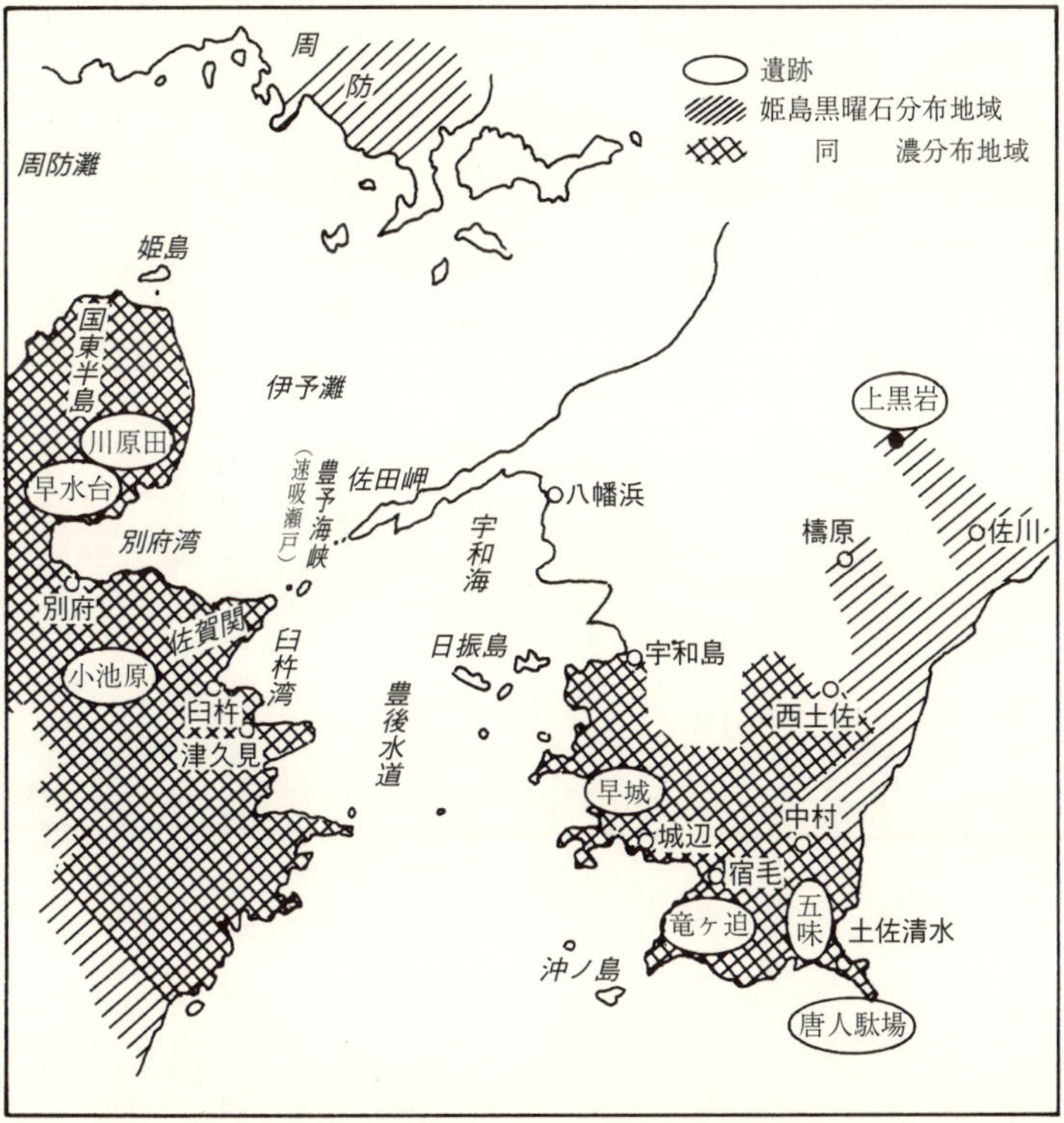

姫島黒曜石の分布図（『土佐清水市史』を参考に作図）

るというとおかしいですが、金属器を「あんな」と、縄文人はそう思ったと思います。「あんなチャラチャラしたものが拝めるか」「われわれは、天然の神の造りたもうた、石を拝んできた」「人間がデッチあげたようなものを何で拝めるか」と。おそらくそういうようなことで、三種の神器の弥生時代よりも、はるかに古い文明がここにあったんじゃないかと思います。

そしてこわい話だけど、その文明はある段階ですでに文字をもったのではないか。「日向かう」という字は、こちら側でつけられたものではないか。まだまだ、とてもこんなことは「学説」とはいえませんけれども、しかし学問上の「作業仮説」として、私は今日感じたわけです。大事な「作業仮説」として。

どうもこの両岸にまたがった文明圏があるということは、今の姫島の黒曜石を考えても、おそらくまちがいない。私の今まで見たなかでは、想像を絶するような規模をもった、いわゆる「複合ストーン・サークル・オリジン」と、まあ変な名前ですが、そういえるものではないかと思っています。

4　巨石文明の継承者「侏儒国」

南米のミイラの糞石

最後に、別の変わった話をさせていただきます。

実は、去年（一九九二）の七月に、私は非常にうれしい経験をしました。といいますのは、京大の国史学科を卒業したばかりで、今年大学院に受かりました優秀な人物ですが、その人物から手紙が来ました。安田陽介くん。この方の親父さんに、私は昔教えたことがありましてね、洛陽工業高校（京都府）で。彼からの手紙でして、『アニマ』（平凡社）という動物専門の雑誌に載った記事のことでした。この三月で廃刊になるというので、愛好者のあいだで「復刊する会」が、廃刊になる直前にできたようですが。この『アニマ』の一昨年（一九九二）の一〇月号に、影井昇という方がおもしろい論文を書かれた。この人は、国立衛生予防研究所の寄生虫の研究室の主任の研究員の方。この方が二ページにわたって書いておられる。

ブラジルの寄生虫の専門家たちが書いた論文集があり、それによると、ミイラが南米にある。ミイラのおなかにウンチも残っていて、それが化石になっている。糞石ですね。その糞石に寄生虫がいて、いっしょに化石になっている。それを寄生虫の専門の学者たちが調査した。まず、その産地がアジアだと。しかも日本列島に多い寄生虫であることがわかってきた。

しかも放射能測定をした。放射能測定というのはリビー博士というのが、アメリカの学者ですが、戦前、終戦直前のころに開発して、終戦後ノーベル賞をもらいましたね。このリビー博士の放射能測定の方法で測定してみますと、だいたい現在から三五〇〇年前後前、つまり西暦でいいますと一五〇〇年前後前、日本でいうと縄文後期。

縄文晩期というのが、紀元前一〇〇〇年から紀元前三〇〇年くらいまで。縄文後期というのは、紀元前二〇〇〇年から紀元前一〇〇〇年まで。中期がそのまた一〇〇〇年前、前期がそのまた一〇〇〇年前。その前が早期となるわけですね。

それでその縄文後期の前後のころの寄生虫であろうということになる。しかもそれが一つや二つでなくて、ブラジルからエクアドル、ペルーにかけて、広く分布している。もちろんミイラがなくて糞石だけというのもあるわけですが、調査をした。そうしたら今のような結果が生まれてきた。

さて、そこで寄生虫の学者たちは困った。なぜかというと、そのミイラは明らかにモンゴロイドであ

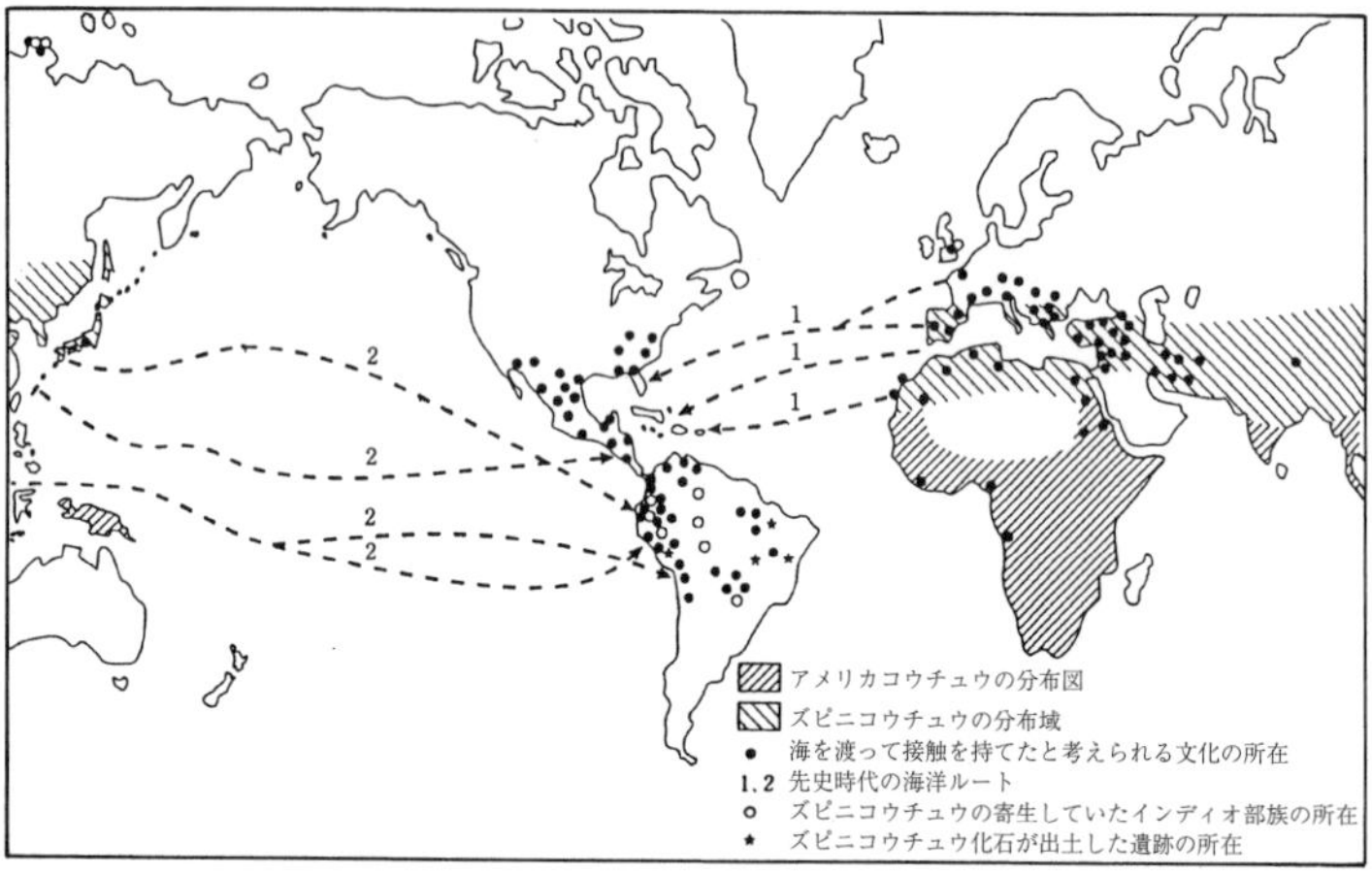

大航海時代以前の旧大陸におけるコウチュウ科の地理的分布図
（アラウージョ博士による）

る。もちろんアジアの人たちである。これはいい。問題は、どうやって来たか。普通、アメリカとかヨーロッパの学界の常識では、ベーリング海峡通過説、ご存じでしょう。年配の方はご存じないかもしれないが、若い人は教科書で習っている。ベーリング海峡を越えてアメリカ大陸へ入ってきたんだ、というのがアメリカの考古学界、人類学界の多数説です。私は中学時代にそんなことは習いませんので、昭和二三年に二一歳で信州の松本深志高校の教師になったわけですが、そのときに教員室で教師用虎の巻を見て、他の先生方とびっくりした覚えがあります。もうその後は、教科書にちゃんと出ています。

　ところが、その通説ではだめなんです、今の場合。なぜかというと、寄生虫というのは非常に寒さに弱い。摂氏二二度以下だとオダブツ。だから寄生虫というのはご存じのように、人間のおなかから排泄されて、外界に出て、植物や野菜について、それを人間が食べる。この連続で生きている。ところが排泄されて摂氏二二度以下だったらオダブツです。もう二度と帰ってこない。自然の循環が不可能。これは寄生虫の学者ですから、さんざん実験をやっているわけです。ベーリング海峡を今みたいに飛行機で飛ぶのであれば、それはかんたんですけどね。昔はエッチラオッチラ行くんですから、とてもだめ。

見直されたエバンズ説

ということで、この多数説はとても不可能だと。ではどうかというので、少数説だったエバンズ説が見直された。私はこの説、エバンズ説を述べたエバンズ夫妻と交流してきました。エバンズさんが亡くなられてからも、奥さんで考古学者でもあるエバンズ夫人とお会いしてきました。

このエバンズ説は何かというと、エクアドルのバルディビア遺跡というところから、日本の縄文土器とそっくりの土器が出てきたんです。在地の研究者、エストラダ、もっともお祖父さんは大統領だったという方ですが、エストラダ通りというのもあります。その方が発見して、アメリカのワシントンのスミソニアン博物館、世界最大の博物館ですが、そこのエバンズ夫妻に報告された。エバンズ夫妻は、確かに日本の縄文土器に似ている。というので、日本に来て、日本各地をまわって、やはり縄文時代の日本列島人がエクアドルへ来たんだという研究をされて、スミソニアン博物館から、たくさん写真の入った報告書を出されたわけです。この博物館は世界に誇る研究を行なっています。しかしアメリカの学者の多数説は、ベーリング海峡通過説だったため、今まで少数説にとどまっていたわけです。

しかしこの博物館へ行くと、すでに大きな太平洋の地図をかけて、小学生が集団で来ると、みんなが書きとっている。そういう待遇をうけているんです。ところが、日本の教科書ではまったく〝しめ出され〟ている。考古学者たちの〝気に入らない〟からです。あの放射能測定すら、日本の博物館から〝しめ出され〟ています。考古学者たちの編年と〝合わない〟からです。あれは〝知らない〟のでなく、書くと、考古学者が〝おこる〟んです。世界の博物館ではよく書いてある。しかし日本の博物館では、ほとんどが〝だめ〟なんです。そういう話をしだすと、おもしろすぎて〝きり〟がないんですが、ようするに、エバンズ説はアメリカでは相当に敬意がはらわれているのに、日本ではだめなんです。

こういう話、「アメリカ大陸と日本縄文人との古代交流」という話はおもしろいですよね。ですから「わが国の考古学界では反対している」といって教科書にも載せればいいのに、載せないんです。「賛成している者もいる」と書けばいいのに、載せないんです。

ところが今回、寄生虫の問題が出てくると、ベーリング海峡通過という多数説ではだめなんです。黒潮にのってきたというエバンズ説でなければ解けない。そういうことになったわけです。

そういう報告書が、ブラジルの学者たちから、一人じゃなくて何人もの共同研究で出た。その本も手にいれました。それで影井さんがそれを見て、寄生虫の専門家として、これが正しいということで『アニマ』に紹介された。それを京都大学の安田さんが見て、私に知らせてきた。

私はもう跳び上がった。なぜかというと、私の『「邪馬台国」はなかった』(26)という本は、二二年前に朝日新聞社から出ました。そこにもどります。

邪馬壹国の論証

その結論は邪馬壹《いち》(一)国。原文です。「邪馬臺(台)国」と直したのが、江戸前期の松下見林。九州の山門に当てたのは、江戸中期の新井白石です。それぞれ「大和」と「山門」に当てたんですね。しかし、やはり原文どおり「邪馬壹国」でいくべきだ。そう書いたのが、私の史学雑誌の論文でした。

ではその「邪馬壹国」はどこか。それは里程でわかります。帯方郡治、今のソウルあたりから、女王国、邪馬壹国までの部分部分の方角と里程が書いてある。それを全部足したら「総里程」にならなければならない。ならないのは、全部足してないからです。私が青年時代くりかえし見た映画に『キュリー夫人伝』というアメリカ映画がありました。グリア・ガースンが主役です。その中心のテーマは「放射能の部分部分の測定値を足したら4。全体では8、4足りない」ということから、ついにゴミ箱に捨てていたゴミみたいなクズ。あれにもしかしたら放射能があるのではないか。あったら、物理学は一変する。そう思って測ってみたら、やっぱり「4」という数値が出たのです。これが発見の瞬間です。私はこの映画をくりかえし見た。本当をいうと、グリア・ガースンに夢中だったんですがね。ですが、今いったテーマも、心の底に焼きついていたわけですね。ですから、「部分を全部足したら、全体にならなければならない」、そう考えたんです。そこで足し忘れていた「クズ」というと、申しわけないのですが、それは壱岐、対馬だった。「対海国、方四百余里」。これは対馬の一部です。「一大国、方三百里」。これは壱岐です。それぞれ「半周」を足すと、八〇〇里と六〇〇里で一四〇〇里。私の計算では、足らない「千四百里」があったのです。これで邪馬壹国はきまったのです。なぜかというと、部分の里程が書いてある最後は「不弥国」、博多湾岸です。そこで最終到着点だから、「女王国は博多湾岸周辺」という結論が出てきたのです。そのときは、「三種の神器」の分布地帯、その中心地域がここだなんて、夢にも思いませんでしたがね。

　この点、一昨年、信州の白樺湖で行なわれた「邪馬台国」シンポジウムで劇的に証明されました。木佐さんというNHKの放送文化研究所の主任研究員の方が、ご自分で休暇をとって、六日間来られました。えらいですね。この方が倭人伝のなかで「張政」という人物が卑弥呼のとき、倭国に来ている[27]、と。正始八年（二四七）です。帰ったのは西晋の泰始二年（二六六）、その間、張政は二〇年間、倭国に滞在しつづけたわけです。何のことはない、卑弥呼のS・O・Sが来たのをいいことにして、ずっといすわってしまった、そういう感じですね。軍司令官と軍団ですからね。

さてその二〇年の滞在のなかでは、当然何回も軍事的、政治的報告書が出されていますね。最後の帰国のときは、もちろんです。それをバックに魏志倭人伝は書かれたわけです。そうすると、二〇年間、「南」と「東」と方角をまちがえつづけた、そんなことはありません。また里程を五、六倍もまちがえつづけて気づかなかった、そんなこともありませんよね。そして一番大切なことは、木佐さんによれば「総日程」です。帯方郡から女王国まで何日かかるか、それがわからなければ、食糧や応援軍の補給がぜんぜんできないわけです。だから、ほかの何を省略しても、「総日程」を省略することはありえない。これが木佐さんの指摘する、一番のポイントです。「何日かかるか」、これなしの倭人伝はありえない。これが木佐さんの指摘です。その瞬間に、私がいうと手前味噌になりますが、私以外の「邪馬台国」論は全部ふっとんだわけです。なぜかというと、そこには「総日程」がないからです。私の場合、例の「水行十日、陸行一日」が総日程になったのです。部分里程を全部足して総里程になったから、もうこの日程記事は「総日程」と理解するしか、方法がなくなったのです。全行程の「後半」にはいらなくなりましたから「韓国陸行」をふくむケースですけどね。

「総日程」をもつ、ほとんど唯一の説が私の説です。他の多くの人びとは、「前半、里程。後半、日程」ですね。だから「総日程」がない。だから、木佐さんの指摘が出て以来、生きのこれる唯一の説が私の説となったわけです。

その結果、邪馬壹国は博多湾岸とその周辺となり、そこが「三種の神器」の集中地帯だったわけです(28)。ですが、魏志倭人伝のなかで、私の一番こわかったところは、邪馬壹国のありかではありませんでした。それは「裸国・黒歯国」の問題だったのです。

裸国・黒歯国は東南に当たり、船行一年かかる。

　こう書いてあります。倭人は二倍年暦を使っています。

二倍年暦

二倍年暦についてちょっと申します。バイブルでは最初のところでは一〇〇〇歳未満の寿命の人がたくさん出てきます(29)。これは何かというと「二四倍年暦」です。ひと月のなかに月の満ち欠けがありますね。「満ち」で一歳、「欠け」で一歳、とするとひと月で二歳、一年で二四歳です。「一〇〇〇年未満」というのは、四〇歳ちょっとで、紀元前二〇〇〇年ごろの寿命にぴったり合います。だってみなさん、今の一年って、何でわかります。私、わかりませんよ、暦を見ていなければ。しかし月の満ち欠けなら、潮の満ち引きを見ていてもわかる。そっちの暦のほうが先だと思いませんか。どこかの暦作製会社の作った暦を見てわかる、というのが先だとは思わないでしょう。だから、この「二四倍年暦」のほうが、先です。非常にリアリティがある。

　バイブルをもう少しゆくと、「五〇〇歳とそれ未満」のところが出てきます(30)。これは「一二倍年暦」、ひと月に一歳になるわけです。一年で一二歳というわけです。

　これに対して倭人は春と秋一回ずつ歳をとる。一年で二歳というわけです。神社でも、一年に一回のお祭りというのは少なくて、たいてい春祭、秋祭がありますね、あれです。ですから魏志倭人伝に「船行一年」と書いてあるのは、現在の暦に直せば、「半年」というわけです(31)。

やはり倭人は太平洋を渡った

　日本列島から東南へ半年といえば、どこか。あの『太平洋ひとりぼっち』の堀江謙一青年、今は親父さんになって、まだがんばっておられますけど、日本からサンフランシスコへ行きましたね。ほかにも、何人かの青年が行きました。それを調べてみると、だいたい「三か月」かかっている。速いときで「三か月弱」、おそいときで「三か月強」です。ですから、「半年」

というと、あと「三か月」。そこで世界地図で日本から黒潮沿いに糸を引っぱったわけです。すると、南米の西海岸の北半分しか行かない。南半分へ行くと、「半年」をオーバーするわけです。

ですから、「裸国・黒歯国は南米の西海岸、北半。エクアドル、ペルーの地である」、『「邪馬台国」はなかった』にそう書いたわけです。こわかったですよ。千尋《せんじん》の谷に飛びおりるくらいこわかったです。しかし、そう書いた。すると、朝日新聞社の方(32)が私の原稿を見て、お出でになって、「結構でございましたが、最後の南米のところは、カットしていただけませんか。読者がついていけないと思いますから」といわれるわけです。私はもう、それを予想していまして、「ことわろう」ときめていました。というのは「私は何も奇をてらって、邪馬壹国を博多湾岸にしたわけではない。ただ論理にしたがっただけだ。ほんとうかうそか知らないが、そうなった。同じく、裸国・黒歯国をエクアドル、ペルーへもっていったのも、やはり奇をてらったわけではない。論理にしたがっただけだ。もし私がこれをカットしたら、心ある読者は『逃げたな』と思うでしょう。私は『(魏志倭人伝の)著者陳寿を信じきったらどうなるかを示した』と見栄を切ったわけです。それを裏切ることになるでしょう。私は、その読者に永遠に敗北したことになる。だからカットできません」。カットしなければ朝日から出せない。そういわれたら、「やむをえません。出していただかなくても結構です」、そうはいいませんでしたが、心はきめていました。向こう意気が強いのか、そうきめていてお答えしました。

そうすると、「考えてみます」とおっしゃって、お帰りになり、五日くらいしてお出でになって、「結構です」と。あの瞬間に朝日新聞から出ることになったわけです。でも、私自身はこわかった。

今回、朝日文庫にこの本が里帰りしました。ながらく角川文庫から出ていたのですが。今年は私も土佐に里帰りしましたので、里帰りの年ですね。この朝日文庫増補版の最終補章にこの地図をのせました。

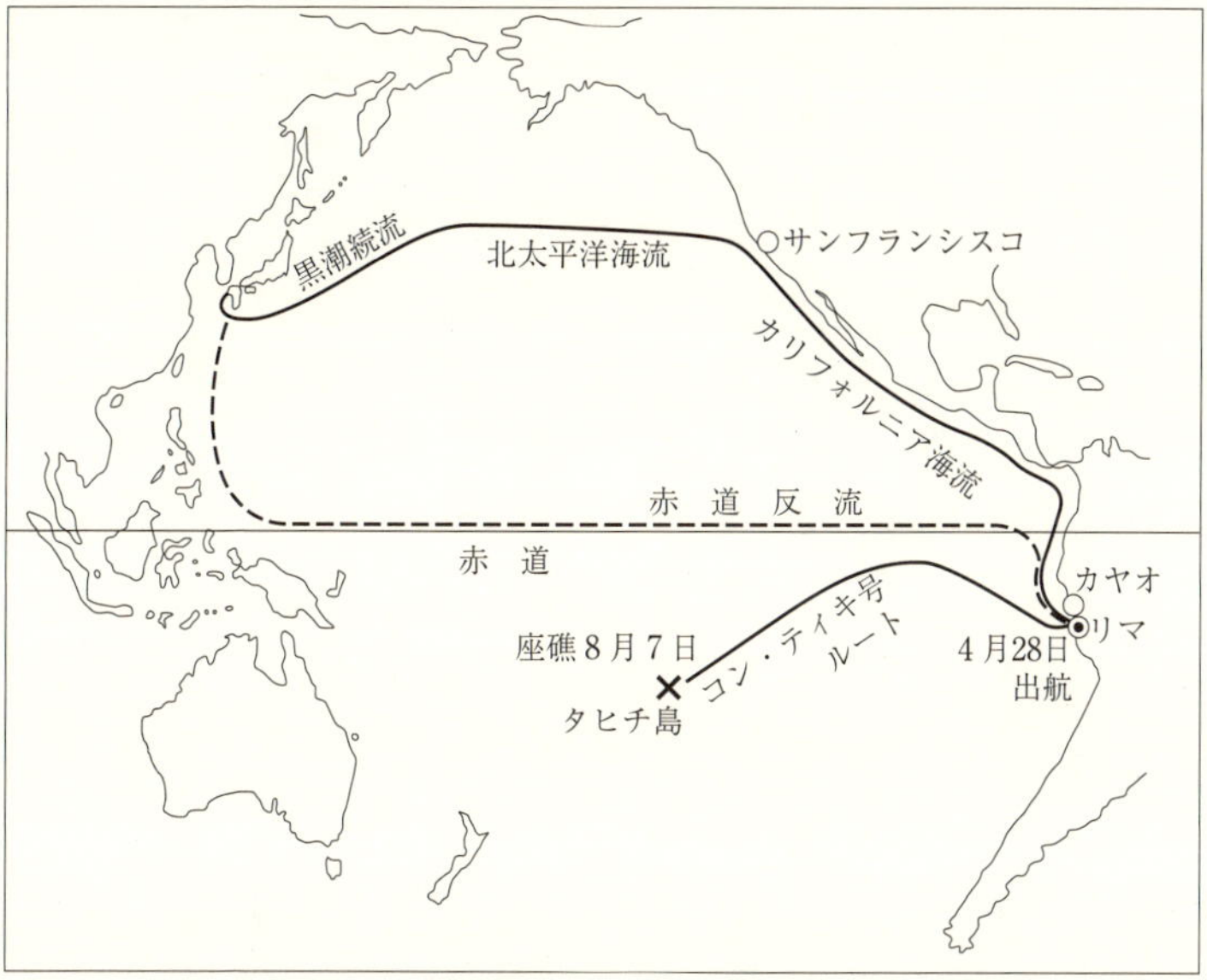

倭人の太平洋航路とコン・ティキ号ルート

さっきのブラジルの学者たちの地図をです。ブラジルの本からとったんです。驚いたんです。先の糞石。この分布図が南米の北半分にしかない。チリにまったくないんです。私が世界地図に糸を引っぱって出した結論が、放射能測定の結果と一致する。こんなこと、信じられますか。うそじゃなかったんですね。

こんなことが私の生きているうちにわかるなんて、なんたる幸せか、と思いますが、今の私にとっては、裸国・黒歯国が南米の西海岸の北半分にあったことがはっきりした、ということがよかっただけじゃないのです。私にとって大事なのは、史料批判です。いいかげんな史料で、いいかげんなことをいわない、これが大切なんです。ここでは、魏志倭人伝の史料批判なんです。魏志倭人伝が信用できるか、という問題です。まして「裸国・黒歯国すらリアルだった。まして邪馬壹国、女王国のありかがいいかげんなはずはない。リアルだ。インチキであるはずはない」。そういう意義をもつわけです。だから、私はとてもうれしかったのです。

そこで八月に、影井昇さんのところへ飛んでいって、レクチュアをうけたんです。それをみなさんにお伝えしたわけです。こういうときにこの足摺岬へまいったのは、深い意義があったのです。

というのは、このことは魏志倭人伝と非常に深い関係があります。はじめに述べた足立寛道さんが電話でこうおっしゃった。

太平洋を渡った「侏儒国」人

「あなたの本をいつも読んでいます。そのなかにおかしいところがあります。『「邪馬台国」はなかった』のなかに、例の日本列島から、南米の西海岸に行ったという図が出ている。あの図ですが、九州がこうあるでしょう。そして四国があって、それで、出発点が九州の北部になっている」。それは、私には出発点として、博多、という頭があったんです。それで、「あれはおかしいですよ」と。

実は私はあとでいおうと思って省略していた話なんですが、この「東南船行一年」というのは、実は倭国からではないのです。「侏儒国」です。ここが原点です。この「侏儒国」が倭国から出る、東南です。「その侏儒国から東南船行一年にして裸国・黒歯国に着く」。だから「侏儒国」が原点になる。その「侏儒国」というのは、私の距離の測定法では、博多湾岸から測っていって、「女王国を去る四千余里」だから、どうしても四国の西海岸あたりになるわけです。だから「侏儒国」と呼ばれているのは、この足摺近辺の地域にあったんだろうということを、私は書いている。

これに対して足立さんは、博多からではなくて、足摺岬からではないかと。ここから線を引かなくてはいけないのに、博多から引っ張っているのはおかしいですよ。私は、一言もなかった。指摘されても、批判自体がまちがっている場合もよくありますが、それはまあ「あなたのまちがいです」といえばいい。

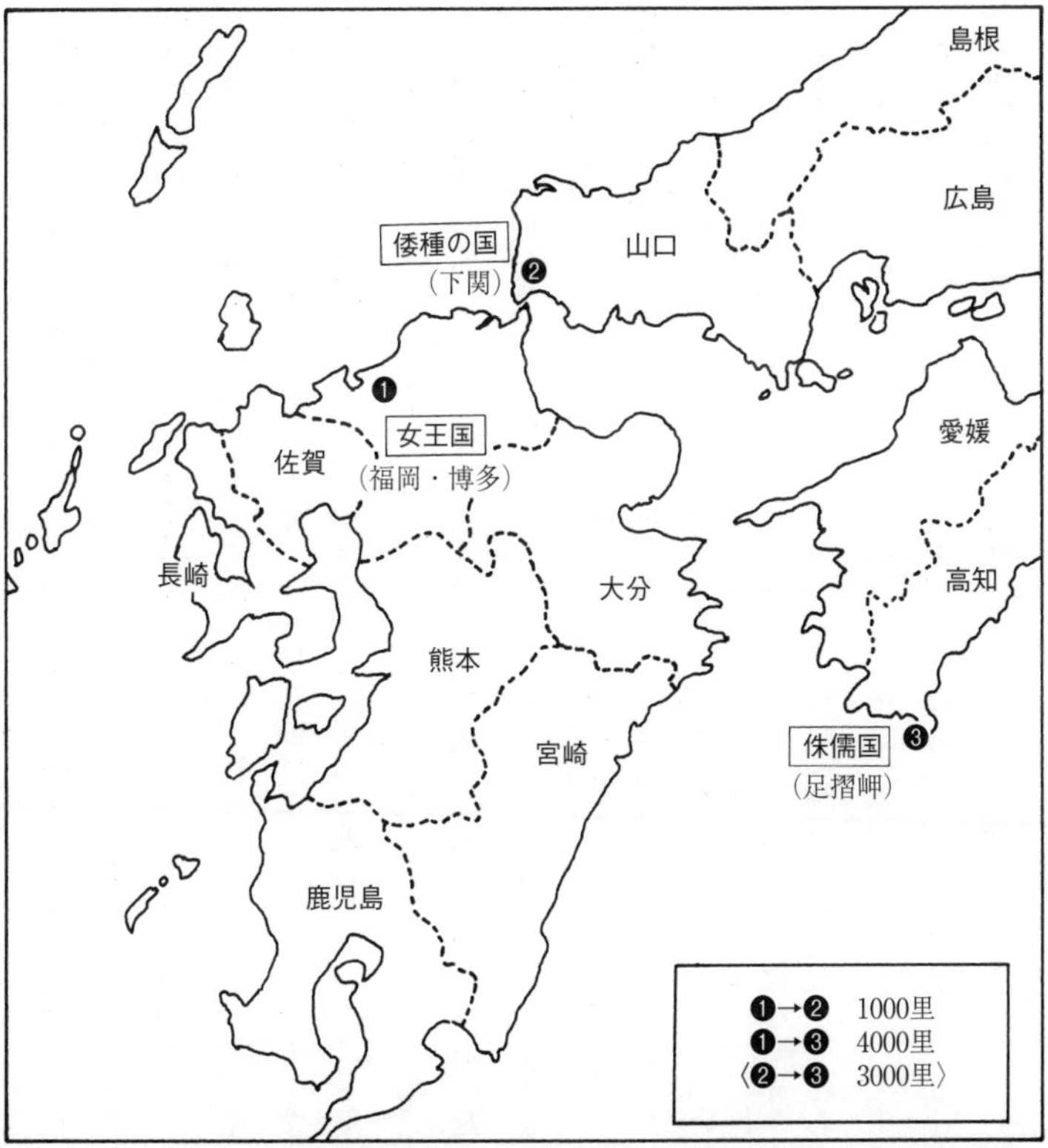
島根
広島
山口
倭種の国
（下関）
❷
❶
女王国
（福岡・博多）
佐賀
長崎
大分
愛媛
高知
熊本
宮崎
侏儒国
（足摺岬）
❸
鹿児島
❶→❷　1000里
❶→❸　4000里
〈❷→❸　3000里〉

邪馬一国と侏儒国

しかし、これはこの人のほうが正しい。私がまちがいです。読んでいる人は読んでいるものですね。

卑しめられた「侏儒国」

そして倭人伝スケールでいえば、問題は「侏儒国」の存在。今まではあまり侏儒国の存在についていった人はいないですが、実は大事なことがある。

それは何かといいますと、卑弥呼《ひみか》という字。「卑」だから、この卑弥呼というのは「卑しい女」かというと、そんなことはないでしょう。これは中国が自分だけが人間だと、中華思想でえらぶって、そして周辺の民族にはけもの扁をつけたり、むし扁をつけたりするじゃないですか。人間以下に。ちょっと人間は文明が続くと思い上がる。そういうことで文字で表わしたために「卑」がついた。また同様に、奴隷の「奴」がついたりするじゃないですか、たいしたことないんだ、と。ところが卑弥呼という女王を卑しめて表現したから、卑弥呼の国は卑しい、文明の低い連中だけがいたかというと、そんなことはないんです。「三種の神器」とか、ガラスとか石神とか、すごい文明があったことがわかってます。

この侏儒国も、倭国側で「卑しめていっている」だけ。そのことに私は、ありがたいことに、今度の旅行で確信をもってきたんですが、先進文明ですよ。もう一歩つっこんでいいましょうか。九州には石人石馬があるじゃないですか、石像物の文明が。あれを今までの学者は私をふくめて、中国の影響とばかり考えていた。確かに影響はあったでしょう。しかしより重大な影響は国内にあったんじゃないか。つまり石像物の文明。旧石器、縄文にさかのぼる石像物の先進文明。そのおかげをこうむって、九州の石人石馬とか、はるかのちの時代の文明は、中国を模倣しうる「能力」をもったんじゃないでしょうか。

こうなってくるとね、「侏儒国」なんてあんなものいやらしいから、やめとこうなんてね、それは「負け犬根性」です。そんなレッテルは、それを貼る人間が悪いというか、思い上がりですよ。人間はちょっとうまくいったらすぐ思い上がる。今の日本人もそう。ちょっとうまくいくと、周辺の国をいろいろいう。しかしわれわれは条件に恵まれて、高度の経済成長ができた。条件に恵まれなければ転落していくし、条件に恵まれれば、台湾なり、フィリピンなりが、日本を追い越していく。当たり前の話じゃないですかね。

そういうことを考えたら、「侏儒国」という呼び方で呼んでいた、「侏儒国」がどうこうと書いてある、「背の低さ」もあったかもしれないけれど、これは、それ以上に卑しめた表現です。大胆にいいましょうか。これは実は、自分たちが恩恵を受けたすばらしい先進文明だからこそ、卑しめなければならなかった。

武彦少言(6)

今回の足摺岬周辺の一大巨石遺跡群、この探究の導きとなってくださった、そのお一人に足摺パシフィックホテルの谷孝二郎さんがある。いつも温顔をたたえ、旅客を唐人駄場や唐人石へ導かれる。私も、各巨石遺跡へ導かれた。その都度、ジュースの空き缶やクズ類を見つけると、そっとポケットや手持ちのビニール袋へ入れられる。実に何気ないその仕草には、長年のくせとなったような自然さがある。この足摺岬の地の生んだ「無価の宝」のような方だ。深く脱帽する。

文明のおごり

中国でもその気《け》はあります。縄文時代、中国の土器文明は、日本列島の土器文明のおかげで繁栄した。江南が中心なんですよ、司馬遷の史記を読んでおかしいと思ったのは。司馬遷の史記でいうと、夏・殷・周で、夏は会稽山で始まるんです。そこで禹が即位して中国の王朝が始まる。ところが禹は黄河流域の出身であると書いてある。しかし、なぜ諸侯を「会計」するというように、揚子江の入り口の会稽山まで来てやるのか、わからなかった。わかったのは、今度の河姆渡遺跡です。つまり、新石器、土器文明のときは、そこが中心だったからです。その土器文明に金属器文明がつづいたのです。

金属器文明は、中近東、トルコあたりに、紀元前八〇〇〇年の青銅器が出たといいます。それが黒海沿岸、それにカスピ海圏、バルト海沿岸、そこに紀元前三〇〇〇年、四〇〇〇年の金属器文明圏がずうっと延長している。これには理由がある。要するにソリ。あれは新幹線道路。つまり冬凍って、犬にソリを引かせると、ものすごいスピードで大量の牛や人間を移動させることができる。シルクロードは、とことこ歩かなくてはならない。それが北から中国に入ってくる。それで、中国には金属器文明の材料や農業に適した広大な水や土地があったから、爆発を起こすわけです。つまり後進国・中国が文明の爆発を起こした。

そうしたら、それが日本に影響したわけですね。その前に中国の土器文明の中心の江南を征服していた。

だからそれまでの旧石器の中国は江南領域が中心だった。なんで中心か。日本列島の土器文明の影響が一番近くだから入っていたから。ところが自分たちが成功すると舞い上がって、自分だけが人間で、あとは虫けら、動物だと、卑しいんだと。そういう錯覚を、大うそをいいはじめる。私の勘でいうんですが、とんでもない大うそです。

今日はこのへんにしまして、私はこれからみなさんにいろいろ教えていただきたいと思います。ほんとうに今日は、もうここに住みついて研究したいくらい、魂を奪われました。どうもありがとうございました。

武彦少言(7)

この講演は、「波多の国研究所」の代表、西沢孝さんの撮影ビデオによって再生した。西沢さんは、親子二代にわたる、唐人石、唐人駄場等、巨大遺跡群の探究者である。（中村市在住）

注

(1) 本章は、今年（一九九三）二月二八日、はじめて高知県土佐清水市の足摺岬を訪れた際、足摺パシフィックホテルで行なった講演を、再現したものである。
(2) 平野貞夫氏。土佐清水市出身。
(3) 足立寛道氏。
(4) 滋賀県甲良町小川原遺跡（立石あり）（下図参照）。
(5) 静岡県富士宮市。
(6) 従来の学識では、ありえないかと感じた。
(7) 「渡辺豊和建築工房」主宰。
(8) 平石知良氏。
(9) 西沢孝氏。
(10) 富田無事生氏。土佐清水市水道課勤務。

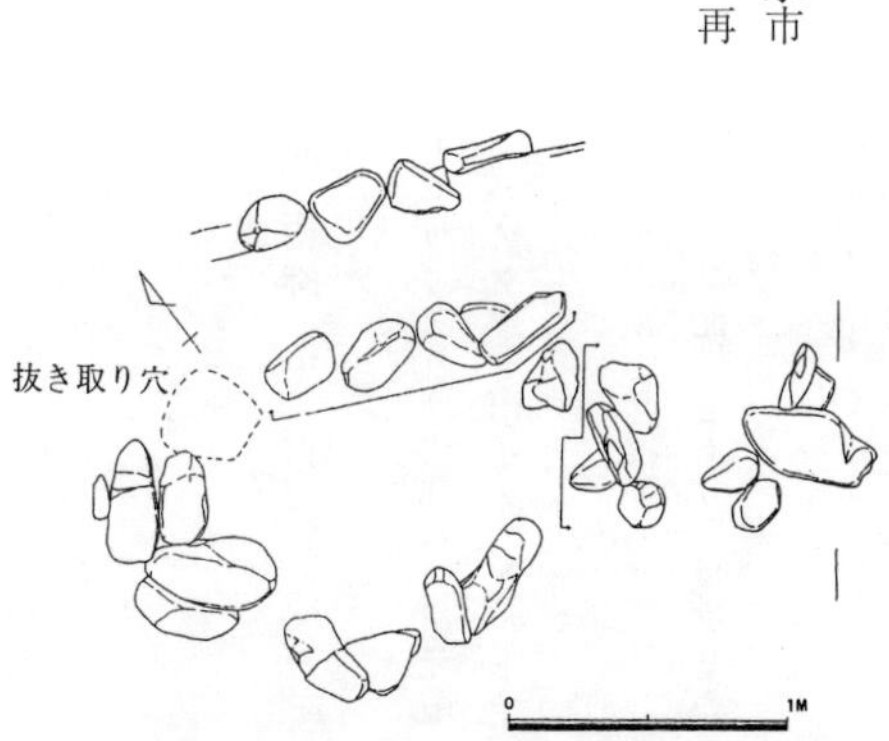

（小川原遺跡。滋賀県教育委員会資料より）

(11) 久高島。

(12) 唐人駄場案内板（土佐清水市教育委員会）。

(13) 高宮廣衞氏。

(14) 足摺岬遺跡中の一焦点をなす一大遺跡をもつ。峠の白皇《しらお》遺跡（仮称）。

(15) 一九九三年中に、二月、四月、八月、九月、一〇月、一一月とすでに六回足摺岬、中村市にいたった。一二月下旬も予定。

(16) たとえば、ストーン・ヘンジなどは著名。イングランドのソールズベリー平原にある環状列石。紀元前一八〇〇年ころの祭祀遺跡か。ほかに、アイルランドにも興味深い遺跡が多い。モスターナボイスのケルト十字架など。

(17) ブルターニュ地方の各古代遺跡。たとえば、カルナック遺跡、ロックマリヤケールなどは著名。

(18) 唐人駄場近辺の巨石・立石にも、「古代墓地」の問題が関連している、という可能性もあり、見逃せぬ一視点である。

(19) 『「君が代」うずまく源流』（新泉社）所収の「『君が代』の論理と展開」参照。

(20) 土佐清水市には、現在も上質の清水の出る場所が残されている。岩層を通っての出土。古代からの名残か。

(21) 青森県三戸郡出身。

(22) 「故ここに天津《あまつ》日《ひ》子《こ》番《ほ》能《の》邇《に》邇《に》藝命《ぎのみこと》に詔りたまひて、天の石位《いはくら》を離れ、天の八重たな雲を押し分けて、いつのちわきちわきて、天の浮橋にうきじまり、そり立たして、竺紫の日向の高千穂のくじふる峯《たけ》に天降《あまくだ》りまさしめき」（古事記）

(23) クシフル（槵触）峯。六二ページ（地図）参照。

(24) 『九州王朝の歴史学』（駸々堂出版、一九九一年／ミネルヴァ書房、二〇一三年）所収の「歴史学の成立——神話学と考古学の境界領域」参照。

(25) 「〜濬（バエ）」の形の地名は、高知県から宮崎県にかけて分布している。

(26) 一九七一年、朝日新聞社より発刊。角川文庫を経て、今年（一九九三）朝日文庫に収録。最終補章に、先の寄生虫の件を増補。

(27) 「その（正始）八年、太守王頎《おうき》官に到る。倭の女王卑弥呼、狗奴国の男王卑弥弓呼ともとより和せず。和載、斯烏越等を遣わして郡に詣り、相攻撃することを説かしむ。塞曹掾史《さいそうえんし》張政等を遣わし、よりて詔書・黄幢を齎《もたら》し、難升米に拝仮し、檄を為して之を告諭せしむ」

「卑弥呼以て死し、大いに冢を作る、……卑弥呼の宗女、壹与《いちよ》年十三になるを立てて王と為し、国中遂に定まる。政等、檄を以て壹与を告喩す。壹与、倭の大夫率善中郎将掖邪狗等二十人を遣わし、政等を送りて還らしむ」（魏志倭人伝）

(28) 『すべての日本国民に捧ぐ』（新泉社）参照。木佐命題をめぐって詳述。また『「邪馬台国」徹底論争』（全三巻、新泉社）には、当時の全発言を収録。

(29) 「アダムの全生涯は九百三十年におよび、ついに死んだ」（『旧約聖書　創世記』岩波文庫、一二〇ページ）など。

(30) 「セムはアルパクシャドを生んだ後、五百年生き、息子息女《むすこむすめ》を生んだ」（『旧約聖書　創世記』岩波文庫、三三ページ）など。

(31) 「その俗、正歳、四節を知らず、ただ春耕秋収を計りて年紀となす」（魏略。魏志倭人伝の裴松之注）。原文は、『倭人伝を徹底して読む』（朝日文庫）参照。

(32) 米田保氏。『「邪馬台国」はなかった』『失われた九州王朝』『盗まれた神話』の名編集者（第三書は、桜井孝子さんにうけつがれた）。

第2の鍵　宮殿群跡の発見と邪馬一国(1)

1　雀居遺跡と女王国の証明

昨年（一九九二）の一一月に福岡を訪れたとき、吉武高木遺跡（福岡市西区）から宮殿群跡が発見されて、新聞の一面を飾っていました。私もさっそく現地へ行ってきました。そして、今年（一九九三）の三月に訪れた際にも、福岡空港（福岡市博多区）のあたりから、弥生後期の最大の木造建築物が発見され、さらに縄文から弥生後期にかけてのさまざまな遺物が出土したということで、これもすぐに見てきました。これが雀居《ささい》遺跡です。この吉武高木遺跡の宮殿群跡と、雀居遺跡の発見は、とても大きな意味、新聞の書かない重要な意味があるのです。

『奴国の滅亡』の崩壊

まず雀居遺跡について、その理由は二つあげられます。まず一つは「奴国滅亡説」はダメになったということです。

安本美典氏の『奴国の滅亡(2)』という本があります。安本氏は、糸島・博多湾岸から銅鏡とか銅剣とか三種の神器にふくまれる遺物が続々と出土していることには注目しているのですが、それが「倭国」の

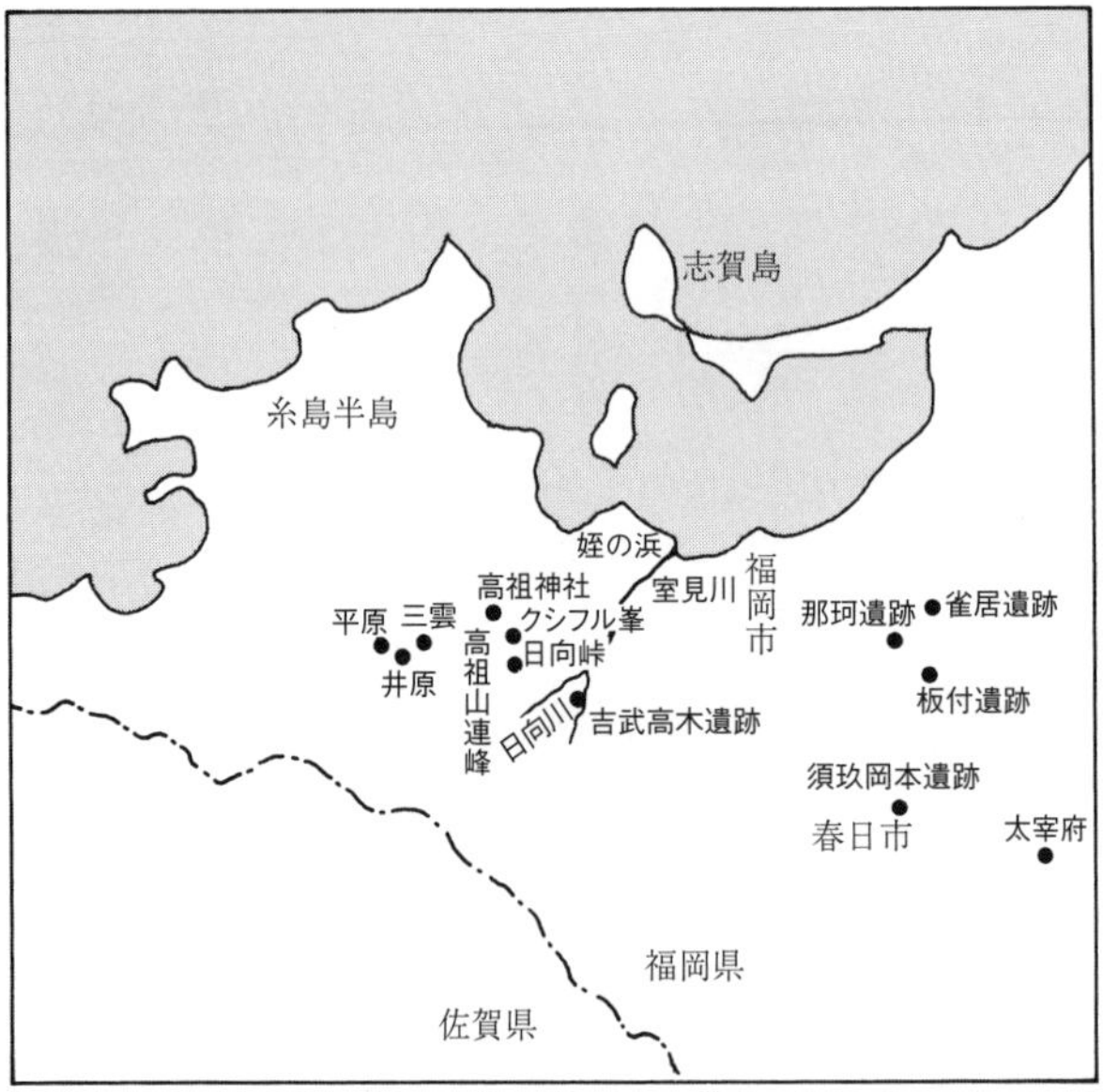

福岡市周辺の遺跡

今年（1993）の3月に発掘された雀居遺跡。福岡空港に隣接した地帯にあり，その広がりが予想される。

中心であると考えられるところをそうではないとするために、あれは「奴国」であるとして、「奴国」は弥生中期までは栄えたが、後期になると滅亡した、後期になると筑後川流域が中心になる、という論理でできた本です。資料も独特でとてもよい本なのですが、その論理が正しければ、弥生後期のものが博多湾岸から続々と出てくるということはないわけです。

弥生後期の遺跡として、平塚川添遺跡（甘木市）が出ましたが、これはすぐにとんでいって見ました。その日に、安本美典さんが現地で講演されていたのですが、拝聴できませんでした。しかし、高島忠平さん[3]が、吉野ケ里遺跡（佐賀県三田川町・神埼《かんざき》町）をAクラスの遺跡とすると、この平塚川添遺跡はBか

雀居遺跡の木造建築物

昨年（1992）11月に発掘された平塚川添遺跡。新聞などで，吉野ケ里を上回る規模をもつと報道され，話題となった。

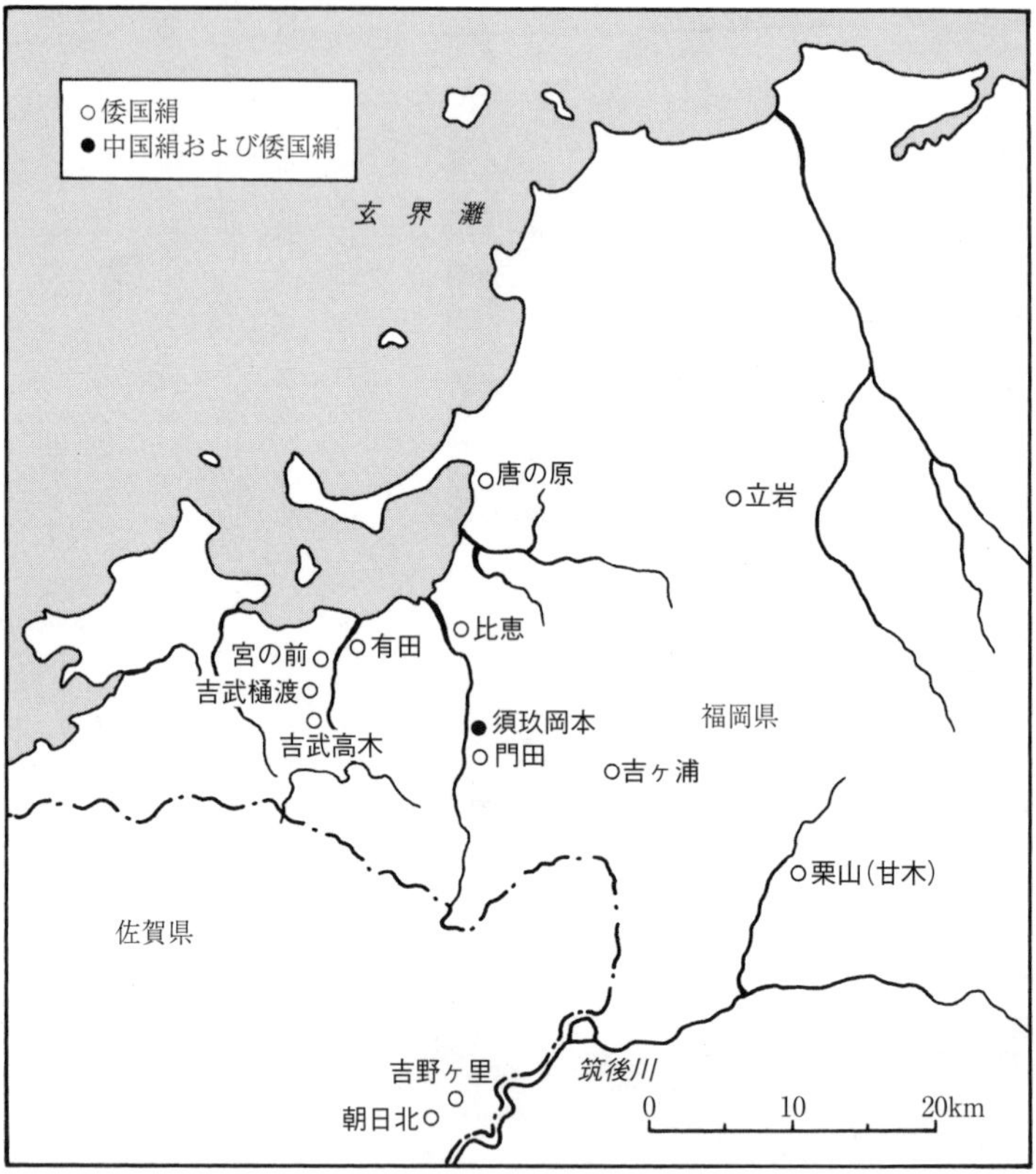

北部九州の絹の分布図（ほかに島原市三会村）

Cクラスだといわれていました。そこから出てくる遺物は、たとえば管玉が、そこではたったひとつ半しか出ていない。吉野ケ里では菅玉はごそっと出ています。それを見ても比肩できる規模ではない。平塚の川添はじめ、新聞のスクープによって、吉野ケ里の二・五倍か三倍の規模だと思わされました。いまでもそう思っている人は多いようです。しかし、実際に見てみるとどうやらそうではない。「倭国の中心」がここにある、といった情況ではない。私は、現地でそのことを痛感せずにはいられませんでした。その後の進展も、結局、高島さんがいわれたような判断におちついているようです。

しかし、平塚川添遺跡と同じ時期といわれる弥生後期の、その楼閣を上まわる規模の雀居遺跡が出てきました。同時代のものとしては最大規模の大きさ。しかもこの雀居遺跡のすばらしいところは、発掘されている場所の東側に低い丘陵が広がっていて、そちらが中心らしいのです。私たちが目にしたのは遺跡の端の一部なのに、びっくりするようなものが続々と出てきているのです。もしその中心を発掘することができたら、どんなにたくさんのものが出てくるか、とても楽しみに思っています。

だから弥生後期になっても、あいもかわらず博多湾岸がどうももっとも重要であると。ですから奴国は滅亡していないということです。

また、遺跡をみてもそうですが、今まで私が何回も引用した(4)「絹の分布」をみてもはっきりするでしょう。弥生中期はもちろん糸島・博多湾岸が中心ですが、後期になってもその傾向はかわらない。やはり博多湾岸から遺物が出るわけです。それが、博多湾岸の東にある唐の原遺跡（福岡市東区）の絹は、弥生の最後の絹です。最初の絹は有田（福岡市早良区）であり、弥生の初めから終わりまで、一貫して博多湾岸が中心であることを示しています。

ということで、やっぱり「奴国の滅亡」ということはありえなかったわけです。

そこには女王国があった

そして二つめの理由は、これが重要なのです。この発見について、新聞に「奴国は……」という見出しがありました。またまた「奴国」か、と苦笑しましたが、博多から出てくると、新聞記者は「奴国」と書いてしまうようです。博多湾岸から何が出土しても不思議はない、博多湾岸には「奴国」があったのだから、と。

奴国というのは魏志倭人伝によると、ナンバー3の国のはずです(5)。投馬国がナンバー2で、邪馬壹国がナンバー1です。ところが、ナンバー3であるはずの奴国からばかり、三種の神器セットをはじめ、いろいろな物が出土しています。前期はもちろん、中期、後期になってもです。

私には、子どもが親に質問する情景が思いうかびます。「なぜ何でも奴国なの。魏志倭人伝では三番目の国なのに……」というものです。これに答えられるおとなはいるでしょうか、考古学者はいるでしょうか。「三番目の国の奴国の何倍も出土するところが、どこかほかにあるのかな」と子どもは考えるでしょう。事実ははっきりしています。どこにもないのです。「三種の神器」(正確には、「三種の宝物」(6))セットが出るところなんてどこにもない。前期、中期、後期と集中して出るところなんて「奴国」以外にどこにもない。「それが、どうして三番目の国なの」と。先入観のない子どもたちはきっとそう思うはずです。せっかく名案と思われた「奴国は弥生後期になると滅亡した」という話も、どうもダメになってきた。では、この質問の答えは……。

これはみんなで考えなければいけない問題です。もちろんこの答えははっきりしています。「ここが女王国であり、倭国の中心、邪馬一(壹)国であるから」という答えしかないのです。

2　吉武高木遺跡と宮殿群跡

吉武高木遺跡の宮殿群跡は、去年の一一月に発掘されました。現在発掘されているのは宮殿跡ですが、実際は宮殿のまわりを宮殿がとりかこんでいるという宮殿群跡です。これは私にとってはたいへんなニュースであったわけです。それは、これから述べる三つの意味で重要なのです。

「不弥国」の証明

『「邪馬台国」はなかった』（朝日文庫／ミネルヴァ書房）のなかで、部分里程が書いてある「不弥国」(7)というのが、姪の浜、室見川の下流だと書きました。当時、私は慎重に幅をとって、その不弥国の第一候補地として姪の浜近辺、第二候補地として博多駅近辺としました。なぜかというと、一里を何メートルにとるかによってかわってくるからです。つまり、一里を七五―九〇メートルと算定したわけです。算定の根拠は、朝鮮半島のいわゆる韓国が方四〇〇〇里と、魏志倭人伝の前の「韓伝」に書いてある。一辺が四〇〇〇里。南北は国境線がどこかはっきりしにくいですが、東西は現在と大きなちがいはない。ただ島部など誤差も見こんで、七五―九〇メートルであるという測定をしたわけです。それにしたがって考えると、「伊都国」から東へ一〇〇里行くと「不弥国」があると、私はそう期待したわけです。伊都国というのは糸島平野を中心としてあった。そこから一里七五メートルだとすると姪の浜になる。九〇メートルとすると博多駅かもう少し東に行くかもしれませんが、だいたいそのへんになる。どちらにしろ博多湾を中心とする場所である、と述べました。

しかし、これはもっときびしく見ることができます。というのは、私は七五―九〇で満足していない

吉武高木遺跡

わけです。いったんそういう測定をしましたが、さらにそれをつめていったのです。そのつめる材料に使ったのが、一大国（壱岐）です。これはほぼまるい島で、だいたい一大国だとみんなに認められている。そこが方三〇〇里と書いてある。方三〇〇里というのは、方三〇〇余里ではない。対海国のほうは、方四〇〇余里と書いてある。余りがある。こちらはないのです。そのときは私もそこまで注意しなかったのですが、その後、よく考えてみると意味があるのです。余というのは強です。余がないのはぴったりか弱なのです。そういう用法なのです。そこで壱岐を測ってみると、九五メートルでは余地がありすぎ、七〇だと少し余るのですが、「弱」ですから、朝鮮半島での大雑把な測定を微差調整しますと、七五と九〇のあいだで「七五に近い数」である

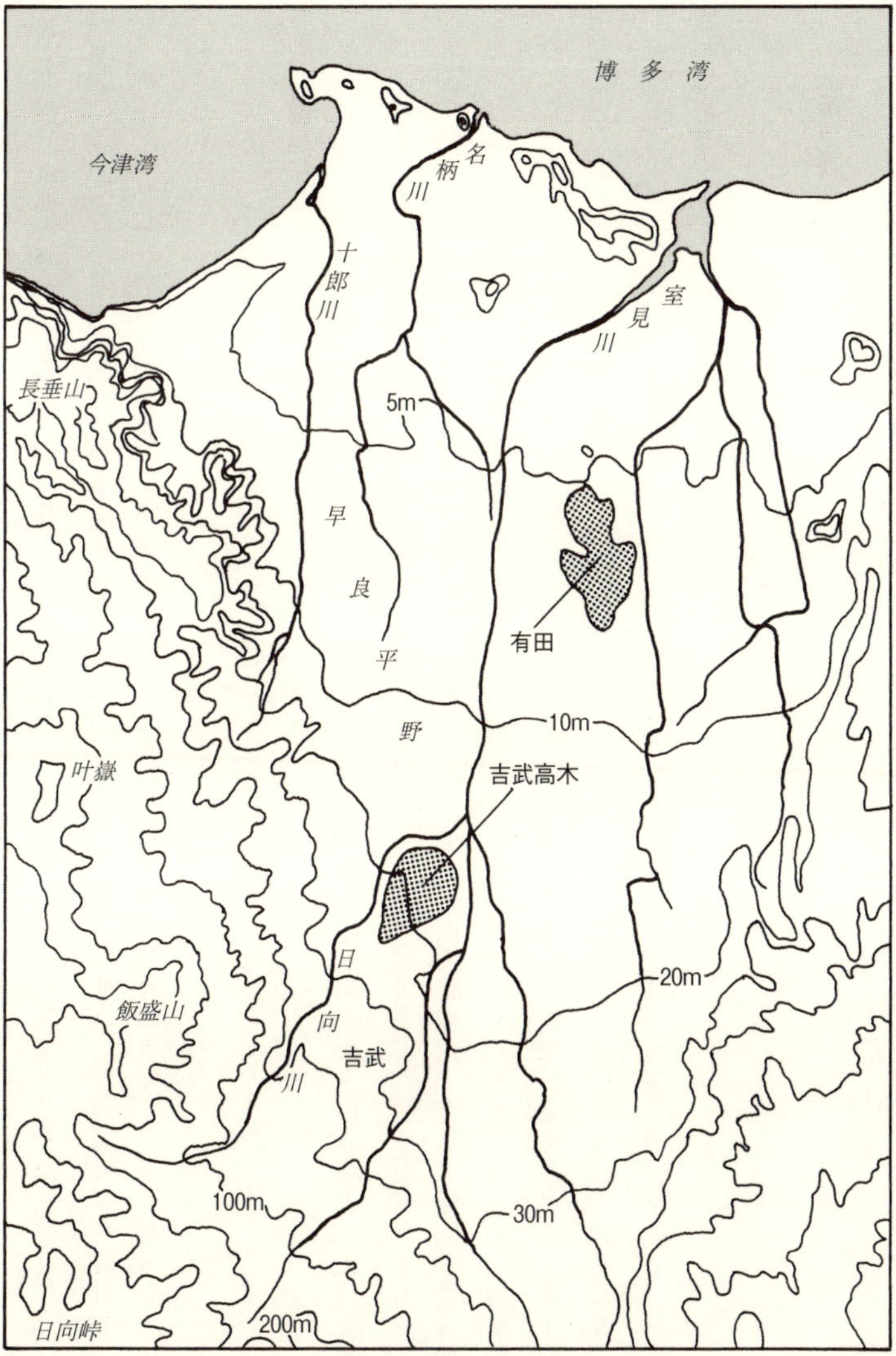
博多湾
今津湾
名柄川
十郎川
室見川
長垂山
5m
早良平野
有田
10m
叶嶽
吉武高木
日向川
20m
飯盛山
吉武
100m
30m
200m
日向峠

吉武高木遺跡の周辺図

という結論になりました。『「邪馬台国」はなかった』のなかでそう述べました。

その後、京都大学の工学部を出られた谷本茂さんという方が、測定問題に取り組んでおられて、『周髀算経』（中国最古の算術の書）に使われた里を、三角法を使って測定されて、一里が七六―七七メートルであると。「七五から九〇のあいだ、そのなかで七五に近い数」というのとピタリと一致する、と述べられました。

ようするに、「七五―九〇」、さらにつめていけば「七五に近い数」、さらにいえば「七六―七七」。そういう数値になる[8]。

とすると、七六だったら姪の浜、ちょっと欲ばっても室見川の東岸か西岸かというそのへんになる。ここで大切なのは、「南、邪馬壹国に至る」という記述です。つまり不弥国の南、室見川の中流ないし上流のほうに何かがあったということを示しているわけです。一面の草原だったら、倭国の官人から、ここからは邪馬一国でございますといわれても、あまりしまらないでしょう。そうではなく、何かがあった。つまり、やはりそこが国の中枢であることを示す何かを見たから、と考えるのがストレートな理解だと思えるのです。では何があったのかというと、『「邪馬台国」はなかった』のなかではそこまで書けませんでしたが、室見川の中流、上流にはそこが国の中枢であることを示す宮殿があった、とみなければなりません。このような問題にぶつかったのです。

武彦少言(8)

私はかつて、終日室見川流域をうろついた。野犬がえさを求めてうろつく姿と、それは似ていたことであろう。もう、二三年も前のこと、『「邪馬台国」はなかった』を書く、前夜のことだ。「部分と全体の論理」のさししめすところ、邪馬一国は、この博多湾岸、それも室見川河口近辺を入口と考えざるをえなかった。なぜなら、「部分里程」の書かれている、最後の国、それは「不弥国」だ。その「不弥国」は、ここ室見川河口近く、姪の浜付近と考えざるをえない。

①「一里＝七五メートル強」――短里。

②「伊都国―奴国」――傍線行程。

この立場に立つかぎり、他の理解とてなかった。（『「邪馬台国」はなかった』朝日文庫〈増補版〉／ミネルヴァ書房、参照）

とすれば、ここ姪の浜付近の南、室見川の上・中流域には、「何か」なければならぬ。「何か」とは、何か。「ここが女王国の都だ」と、魏の使いに感じさせるものがあったからだ。

そう思って、探しまわった。うろついた。しかし、何もなかった。だが、論理の導くところに従い、私は書いた。

「邪馬一国は、博多湾岸とその周辺である」と。

室見川中流域に、吉武高木遺跡が発見され、さらにその東五〇メートルの地に宮殿群跡が発見されたのは、その数年後、そして十数年後のことであった。

流された室見川の銘板

昭和二三年に、原末久さんという旧制中学校の体操教師をされていた方が、ある日の夕方、室見川の下流を通って宿舎へ帰る途中、足でぽんと何かをけとばし、なんだろうと思いつつそれを拾って帰った。それは文鎮のようなもので、よくみると文字が書いてあった。

室見川で発見された銘板

これについては『風土記にいた卑弥呼』（朝日文庫）の第四部において、すでに述べているのでくわしい説明ははぶきますが、この銘板には「高暘左　王作永宮齊高　延光四年　五」とありました。「高く日の出るところ、ここで王が永遠の宮殿とそろった宝物を作った。時は後漢の延光四年五月」と。私はこの実物をつぶさに見た結果、これはにせ物ではない、そしてこれは倭国が拠点を作ったということをいっており、それは後漢の延光四年という年代、つまり一二五年に記録したものである、という解読にいたったわけです。しかし、不思議なことに現在でも、考古学者はだれもこのことに触れていません。

ともかく、私はそのような解読結果にいたったわけですが、非常にこわい話だと思っていました。なぜなら、この銘板は室見川の下流から出てきた。この下流は泥質ですから、こんなところに宮殿があったはずはない。当然これは室見川の洪水かなにかで流されてきたのでしょう。そうすると、その中流ないし上流に倭国の宮殿があったということになる。これについては『ここに古代王朝ありき』（朝日新聞社／ミネルヴァ書房）で詳しく述べていますが、そのころは、解読したのはいいけど、宮殿らしきものは出てきていなかったし、吉武高木の遺跡も出てきていませんでした。そういう状態のなかで、私の解読はなされたわけです。

神話のすり替え

かつて、『盗まれた神話』（朝日文庫／ミネルヴァ書房）のなかで論じたように、古事記と日本書紀を比べると大きなちがいがある。その対象となるものがあまりにも多いので、『盗まれた神話』のなかでは例をいくつかあげてその切り口を示しました。

そのサンプルのひとつとして、景行天皇の九州大遠征の問題をとりあげました。これは古事記にはまったくない。古事記では、景行天皇は近畿から出た形跡はまったくない。ところが日本書紀は、九州をあちこちまわって、あるいは征伐をし、あるいは歓待を受けたりしている。どちらがほんとうか。古事記だって天皇家史観で書かれている。景行天皇の一大業績をカットするとはありえることではない。逆はどうか。本来なにもなかったところへ、近畿天皇家は昔からすばらしかったんだ、中心だったんだということを示すためにつけくわえた。他から話をもってきて景行天皇におきかえた。

この内容からすると、「前つ君」と呼ばれている（筑前の「前原」から出た名と思われますが）、筑紫の君が東岸部（大分）や南岸部（鹿児島）などを討伐して九州一円を平定したことを、景行天皇にその「主語」を置きかえて書かれたものだということが考えられます。

ひどい話ですが、こうした話は世界じゅうあちこちにあります。たとえば、バイブルの洪水伝説。バイブルを読むかぎりでは、あの洪水説話の中心の神はエホバの神しかありえない。そう書いてある。しかし、そうではないことがわかっている。研究者が大英博物館の所蔵物によって、楔形文字の原資料をみて読んでいくと、バイブルの先頭にある洪水説話とそっくりなのです。中心になる神様だけちがう。当然、本来は、チグリス・ユーフラテスの多神教の神を中心とした神話だったのです。それを中心の神様だけ、つまり「主語」をエホバの神にとっかえて、有名なバイブル初頭の洪水伝説として記されていた。それがわかってきたのです。

武彦少言(9)

私は少年時代、何を思ったか、八幡様へお参りしはじめた。広島県の三次盆地、十日市小学校時代のことである。毎朝起きると、走って、村の鎮守様の石段を駆け上がった。少年には、とても高かった。神前で参拝をすませると、猛スピードで駆け降りていき、学校の始業にまにあうように、飛んでいった。

この参拝は、足かけ三年間つづいた。否、それしかつづかなかったのだけれど、それでも神様は、大きな〝御利益〟を下さったようだ。それは、今にいたるまで、各地の古代遺跡、その山や谷を巡ることのできる、この「足」を与えたもうたのである。

筑紫の君の故郷

日本書紀もそれをやっているということなのです。ところが、『盗まれた神話』ではここまででしたが、それだけでは終わらないのです。なぜなら、景行天皇は日向(宮崎県)で歌をうたっているのです。

愛《は》しきよし　我家《わぎへ》の方ゆ　雲居立ち来《く》も
倭《やまと》は　国のまほらま　畳《たた》づく　青垣《あをがき》　山籠《こも》れる　倭《やまと》し麗《うるは》し
命の　全《まそ》けむ人は　畳薦《たたみこも》　平群《へぐり》の山の　白檮《しらかし》が枝を　髻華《うず》に挿《さ》せ　此の子

いままで私のいいましたところでは、景行天皇はのちのすり替えであって、本当は筑紫の君であると。そうするとこれらの歌は、筑紫の君がうたったものであるということになります。そして、故郷というのは奈良県ではない、筑前でなければならない、ということになります。

では筑前にヤマトはあるかというと、「下山門」、「上山門」がありました。中世の古文書には山門郷という名前が出ています。それだけではなく「平群」がありました。これは和名抄（倭名類聚抄）です。あの歌は、平群が到着点。平群まで帰ったら、苦難を経ながらも無事に出発地の郷里に帰った、大勝利したということで、白橿をさして神様にお礼しなさい、こういっているのです。

ところが実は、吉武高木の遺跡のある場所が平群であった。私が『盗まれた神話』を書いていたときは、吉武高木はまったくわかっていなかった。そののち、市民の古代研究会（九州）の灰塚照明さんに「平群という地名が筑紫にありますか、どうですか」と聞きましたら、「ええ、あります。私の家からそ

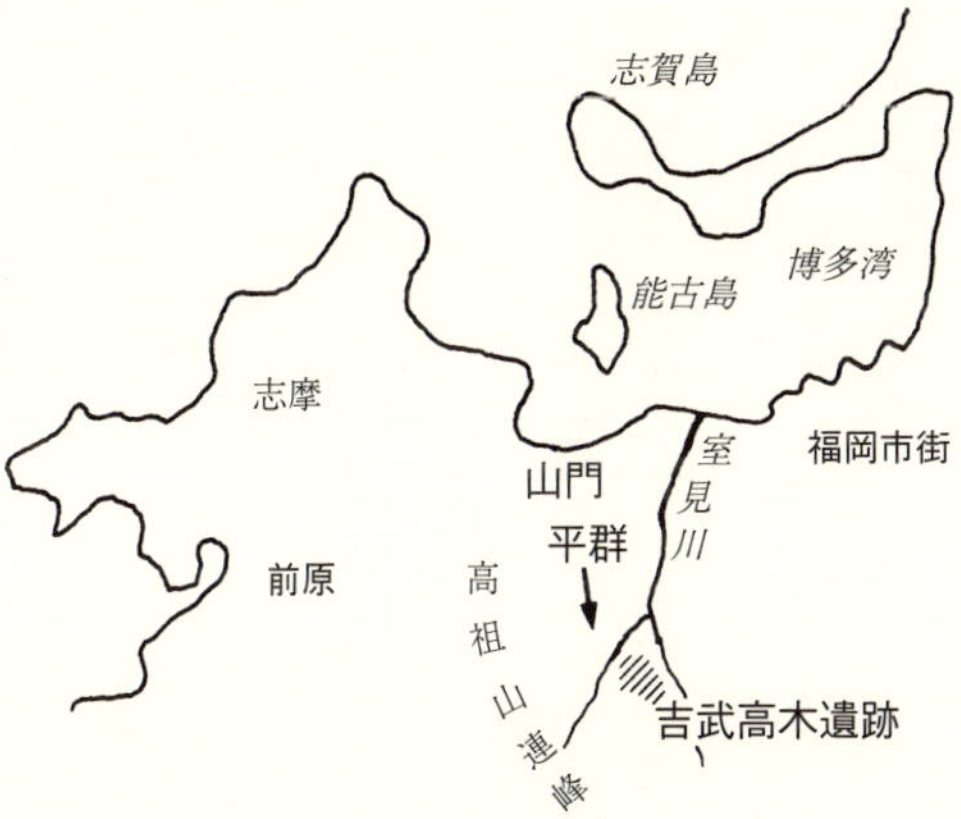

筑紫の「平群」。そこには，吉武高木遺跡があった。

大和の「平群」。能煩野と反対の，大阪寄りにある。

う遠くない南寄りのところです」こういうお話でした。あとになってみたら、吉武高木の遺跡のあるところでした。

ただ、平群は奈良県にもあります。ところが、奈良県の北部の大阪府寄りの端のほうで、飛鳥や大和三山といった大和の中心のようなところではなく、大和のなかでは、とりたてては何もないところなのです。だけどヤマトタケルノミコトは帰ってきて、三重県の能煩野というところで、前出の同じような歌[9]をうたいます。「倭は　国のまほろば……」とうたっていますから、当然、奈良県だと習ってきたはずです。大和に入ってもまだまだ終着点ではない、平群が終着点。ところが平群は、能煩野と反対の大阪府寄りです。なぜそんなところへ行って、凱旋した、つまり最終点に到着するのかだれにも答えられなかった。私も、教師時代にそう教えたわけですが、生徒に聞かれていたらきっと困ってしまったことでしょう。

つまり、この「平群」は筑紫であり、また「倭は　国のまほろば」は、写本の書き直したものなのです。後世、後代の写本が書き直していたことなのです。日本古典文学大系『日本書紀』（岩波書店）の最後に校異が書いてあるのですが、早い時期の写本は「まへらま」と、小さい字で書いてある。[10]「まへらま」というのは、鳥の心臓部に近い脇毛のあるところが「まへらま」。心臓部でないところが「まへらま」。しかし心臓部に近いところ。それを「まほろば」と書き直して、「中心」の意味にした。これまではまちがえた解釈が行なわれてきたのです。中心に対して脇です。つまり、吉武高木遺跡のある平群に対して、山門は脇なのです。この歌にぴったりするのは、奈良県ではなくて福岡県、福岡県のなかでも筑前。論理の進行では、そうなるでしょう。景行天皇に関する記述が、筑紫の君の説話の書き換えだといったとたんに、今の問題が論理的になってきます。

ようするに、魏志倭人伝からみても、また室見川下流から出た銘板、金石文からみても、そして古事記、日本書紀のいわゆる歌謡からみても、室見川の中流ないし上流には宮殿がある、しかもそれは国の中枢をなす重要な宮殿、つまり倭国王の宮殿であるということになるのです。しかし従来の考古学では何も出ないといわれてきた。私の論証の論理だけですすんできたわけです。

架空の「早良王」

ところが、吉武高木遺跡が出てきた。私は、これで勝負があったと思いました。みごとな「三種の神器」セットが出てきたわけですから。ここで、声を大にしていいたいことがあります。それは福岡市や県などによって、その吉武高木の主として、「早良王」という名が与えられました。これはまったくおかしい。ただ早良郡から出てきたからという理由でつけられたようですが、早良というのは郡の名前です。郡単位で「三種の神器」レベルの王がいるというのでしょうか。日本じゅうには郡はたくさんありますが、そこからすべて「三種の神器」が出てくるというのであれば話はべつですが、そんなことはありえません。それとも将来出てくるだろうと考古学者は夢みているのでしょうか。やはり、糸島郡から早良郡、春日市にかけて、「三種の神器」の出てきたところ、韓国にもまたがりますが、これが倭国の中核をなしていた。中心の倭国王の墓だからこそ、「三種の神器」が出てきたわけです。

ボタンのかけちがえということばがありますが、最初のボタンをかけちがえたら、あとはぜんぶちがってしまいます。最初が問題なのです。「三種の神器」が出てきた吉武高木の墓を、たんなる一豪族の「早良王の墓」としてしまった。魏志倭人伝にもないし、古事記、日本書紀にもないような新式・創案の名を現代の考古学者がでっちあげてしまった。後世の人びとが自分でつくっておいて、「任命」してしまった。考古学者にそんな権利は絶対にありません。彼らはだれからもそんな権限は与えられていません。最初のボタンをかけちがえてしまった。そしてボタンはぜんぶくいちがってきた。平成九年に遺跡公園が完成するということを聞きましたが、そのためにも今いっておきたい。そんな〝勝手な〟、勝手に任命されては困るよと。ぜひ今こそ、このファーストミステイクをただしていただきたい、と。

武彦少言⑽

当時、私の家の前には、八幡様に向かう道がついていた。一五メートルくらいはなれていた。ある晩、夜起きて便所へ行った。便所は母屋から、ややはなれていて、その途中の廊下から道が見えた。その道を白い衣を着た女がいそぎ足で八幡様のほうへ向かってゆく。ひたいに白いはちまきを巻き、ロウソクのようなものを立てていた。願かけ姿である。

翌日、悪童たちと語らって、八幡様へ行ってみた。手わけして境内を探しまわったあげく、奥殿の床の下の柱に、わら人形を見つけた。のろい釘が何本か打たれていた。五体に打ち終わったとき、相手は死ぬ。そう信ぜられていた。昨夜見た女が右手にふりかざしていたのは、かなづちだったようだ。

満願に達せぬうち、その姿を他《ひと》に見られると、のろった当人が死ぬ。そう伝えられている。人びとから聞いた。

3　九州王朝の源流

一変した出土品

拾六町平田（福岡市西区）から出土した家形の土製器は、弥生前期のものである。吉武高木は中期の初頭である。現在の考古学で考えているところによると、紀元前一〇〇年くらいのところが前期末、中期初頭になるようです。つまり、「前末・中初」です。それを境にして、出土物が一変する。これが非常に大事であって、いわゆる「天孫降臨」です。戦前の皇国史観でいわれすぎて、戦後は架空の話というのが常識化されてしまいましたが、私はこれは架空ではなく、きわめて重要な歴史事実だと考えています。壱岐・対馬を出発点とした海上軍団が、いわゆる縄文の稲作の栄えていた糸島・博多湾岸に征服・侵略の軍として侵入した。そのときの女王がアマテラスであっ

岡本町四丁目遺跡出土の小銅鐸鋳型

拾六町平田遺跡から発掘された家形土製器

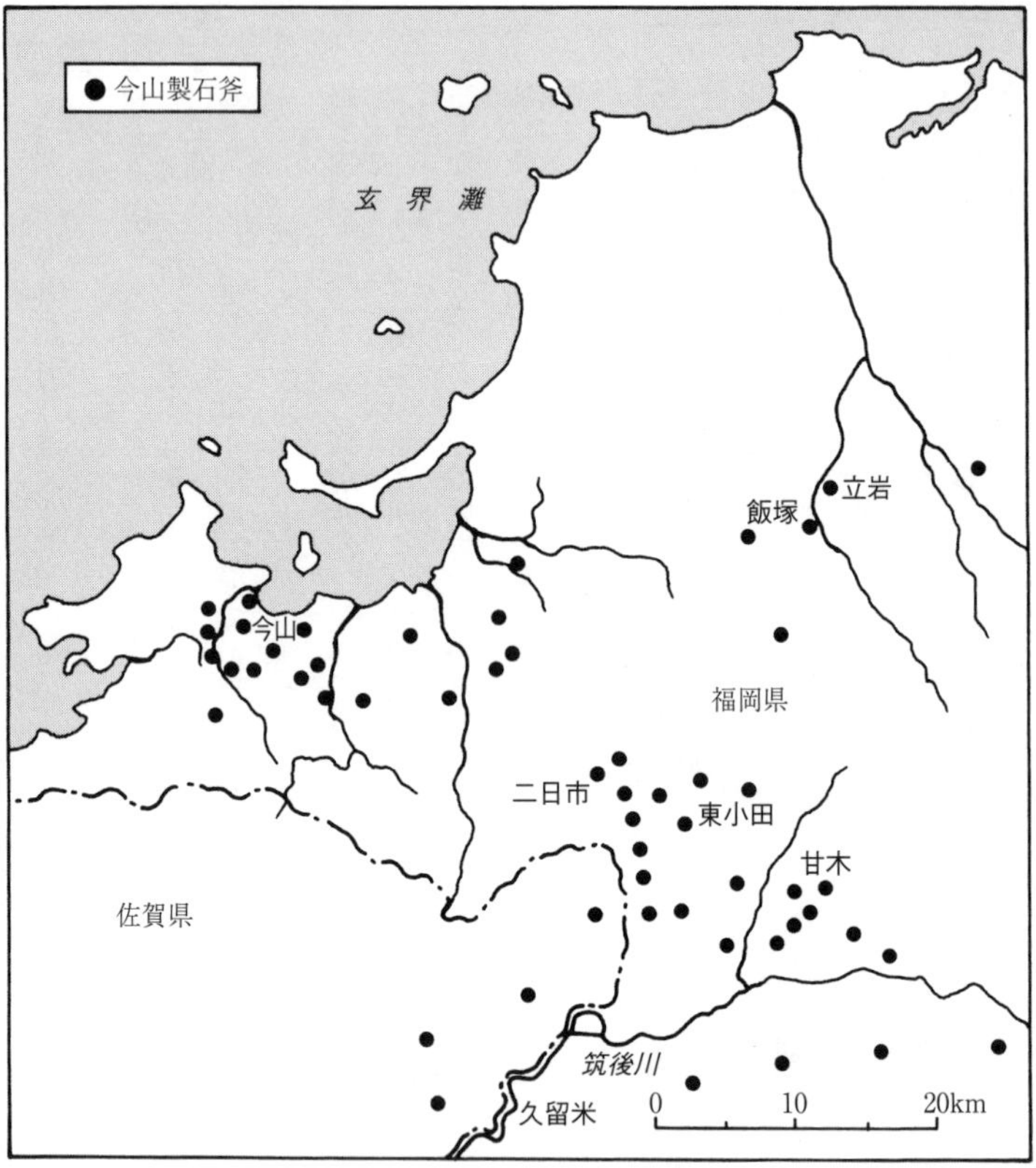

今山で生産された石斧の分布図〔弥生前期—中期〕

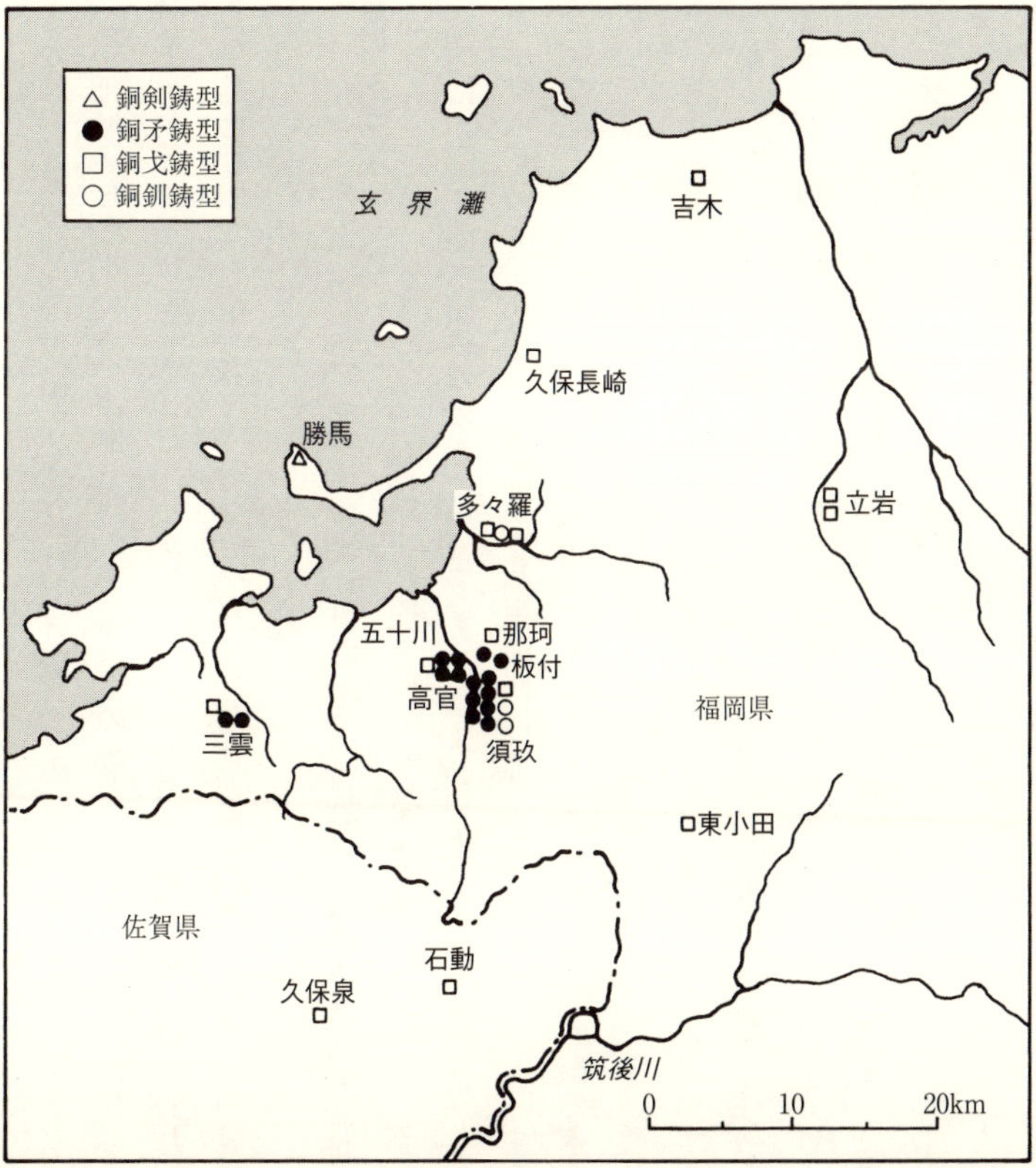

銅製品の鋳型の分布図〔弥生中期—後期〕 右ページの図と明らかに分布状況が異なる。この時期，天孫降臨が行なわれたのである。

た。そしてその後、糸島・博多湾岸およびその周辺の様相は一変したのです。
つまり、「三種の神器」が出てくるのはそれ以後なのです。それ以前にももちろん金属器はあります。とくに吉野ケ里あたりから、弥生前期の金属鋳造の跡が出てきた。明らかに、天孫降臨以前にすでに金属器の生産が行なわれていました。しかしその、若干の金属器生産の行なわれていた九州本土に対して、新たな侵略と征服が行なわれて、新しき金属器の時代、いわば三種の神器の時代が始まったということになるわけです。

宮殿のミニチュア

そういう時代の流れのなかで、家形の土製器は弥生前期ですから、「天孫降臨」という名の侵略・征服を受ける前の姿を示している。不思議なことに、縄文から弥生前期にかけての水田耕作はそこでとだえてしまい、中・後期には存在しない。これが「歴史の断絶」を示すポイントです。その縄文から弥生前期にかけての博多の人びと、すなわち板付の民、輝ける稲作文明を支えていた人びとの、神殿ないし宮殿のミニチュアが、今回出てきたこれである。これは屋根型をしており、穴があいていて一本の棒の上に立てられていた感じです。それは祭りの場においてでしょう。実物のミニチュアですから、当然実物をモデルにしたミニチュアですから、実物もこのような屋根をしていた、つまり木の柱があったということです。弥生中・後期の柱のある建築物はめずらしくありませんが、前期にこのような神殿・宮殿があったのです。しかも、そこにたくさんの穴があいている。きっと本物にも穴があいていたのでしょう。何のための穴かというと、これから先は私の想像ですが、たとえば先の歌の「白檮が葉を髻華に挿せ　その子」というのと考えあわせると、神聖なかしの葉を、まじないや厄よけのために神殿にさしたのではないでしょうか。こうした家は、神殿ですから、かしの葉などがさされていたのではないかと想像するわけです。

このように、宮殿ないし神殿のミニチュアは、征服された側の人たちの文明の一端なのです。将来、必ず弥生前期からも木造建築物跡が出てくると思っています。出てきてあたり前です。縄文のものも信州の阿久尻遺跡（長野県諏訪郡原村）から出てきました。軒並み、木造建築だったのです。九割から九割五分でした。縄文前期だから、大先輩といえるでしょう。縄文に出るのですから弥生前期に木造建築がないと考えるほうがおかしいでしょう。だからよそはともかく、室見川流域でも弥生前期の木造建築跡が出ると思っています。

ともかく、これらのことが何を意味するかというと、天孫降臨以後、吉武高木は宮殿群や墓地群のある「倭国の聖地」になったが、実は、それ以前に征服された人びとの聖地であったということです。おそらくは、征服された人びとの聖地をつぶして、その上に築いた可能性があるわけです。それが吉武高木という日本最初の倭国の王墓、つまり天孫降臨以後の最初の倭国の王墓となったという結論にいたりました。

日光東照宮の陽明門

日光東照宮の三五〇年

吉武高木は、弥生中期初頭、紀元前一〇〇年くらいのもので、卑弥呼、倭人伝の時代は紀元二五〇年前後です。そこには約三五〇年のあいだがあります。考古学者は、私の話を聞いたら、それはおかしいと、吉武高木は弥生中期初頭だと、倭人伝は後期後半だと時代が違うと。しかし、あえていうならば、それは考古学者のおちいりやすい欠陥だと思います。

これを理解するよい例として、日光東照宮があります。

日光東照宮は、江戸時代の初め（一六一七）につくられました。徳川家康を祀っています。現在では、それから三五〇年以上たっています。しかし、現在でもそこは空き地になっているわけではなく、ちゃんと日光東照宮という建物が立っているのです。もちろん建物自身は建てかえられているでしょうが、時代にあわせて建てかえられるということはなく、最初に建てられた当時の様相をたもちながら、建てかえるはずです。しかも、明治維新で中心権力はガラリとかわり、権力は断絶し、シンボルもすっかり異なってしまいました。その三五〇年を経た現在においても、日光東照宮は江戸初期らしい顔をして立っているのです。

まして吉武高木は、「三種の神器」、三種の宝物の時代です。卑弥呼も同じ三種の宝物をシンボルとした時代です。鏡を一〇〇枚もらって喜んでいるわけですから。いわゆる太陽信仰の流れをくむ証明です。そして勾玉も、壹与が献上していますから、勾玉の時代であることもまちがいありません。また矛で宮殿をとりまいており、国生み神話において天の沼矛《ぬぼこ》が活躍する時代と一致しています。剣は出てきていませんが、あの時代にもたなかったとは考えられませんから、当然剣はあったでしょう。

つまり、卑弥呼の時代は三種の宝物をシンボルとした時代であり、吉武高木も三種の宝物をシンボルとした時代のはじまりなのです。

そうすると、吉武高木が卑弥呼の時代に、ただの空き地で何もなかったはずはありません。自分たちの権力の淵源ですから、もちろん建てかえてはいるかもしれませんけれど、二世紀、三世紀においても、いかにも〝弥生中期らしい〟顔に建てかえると思います。当時としては、われわれ以上にそのころのことをよく知っているはずですから、いくら鉄器を使うようになったからといって鉄で建てかえようなんてことはないでしょう。特別の鉄器などなかったかのような木造建築物を建てるはずです。そうでなけ

室見川

れば、当時の人びとがありがたいものだとは思わなかったでしょう。いかにも昔ですよ、というものをつくるに決まっています。

同じように、三種の宝物の時代は倭国、卑弥呼の時代なのですから、邪馬一国の中心は博多湾岸にあったわけですから、その文明の始源の姿が吉武高木なのですから、ここで、もう少し踏みこんでいってしまうと、吉武高木は「天孫降臨」の主人公で、アマテラスの孫のニニギノミコトの墓であるという可能性が非常に高いと思っています。

ニニギノミコトの陵墓

これまで吉武高木がニニギノミコトの墓であるというのをためらってきたのには、一つだけ理由があります。

日本書紀のニニギノミコトについて書いてあるところをみると、「竺紫の日向」、そして「可愛」とあります。これを従来、「可愛（エ）の山陵」と読んできましたが、これはまちがいです。「アイはアイなり」(11)と書いているのは「愛」で、二文字で「え」と読むのはむちゃです。(12)これは「かあい」である。それは「かわあひ（河合）」、川の合流点なのです。それを「河合」と音が似ていて、中国で使われているよい字である「可愛」をあてたのです。これは川の合流点で、吉武高木は室見川と日向川の合流点です。きちんと合っています。

ところが一つだけ私が困っていたのは、「山陵」とある点です。山というと、飯盛山あたりしか考えられませんが、山といっても田んぼのなかにあり、あまり山というのにふさわしくないと思っていたのです。それが最近、解けたのです。それは、岡山県に造山古墳、作山古墳とあります。天皇陵を含めても四番目くらいになる大きさのものです。私たちは、これを「ぞうざん」「さくざん」と呼んでいますが、現地では両方とも「つくりやま」といっているのです。つまり、あの大きな古墳を「山」と呼んでいる。われわれは山というと、地質学上でできたもの以外、山でないような感覚でいますが、古墳を山と呼んでいる。「つくりやま」だと。

　ということは、吉武高木にも「山」があったのです。だから、一〇〇パーセント、日本書紀のなかのニニギノミコトの表現と、吉武高木の地形は一致する。かといって、ニニギノミコトと書いたものが出てくると思っているわけではありませんが、少なくとも私にとっての年来の疑問は解けたのです。だから、吉武高木をニニギノミコトの墓と考えていけない理由はどこにもなくなったというわけなのです。

注

(1) この章は、今年（一九九三）の三月二八日に、「倭人伝の深層——万人未見の真実をめぐって」と題して、福岡市博物館で行なった講演（「市民の古代九州」主催）の一部を、もととしている。

(2) 新人物往来社。

(3) 佐賀県の教育庁の文化財課。終始、吉野ケ里遺跡発掘をリードされた。七田忠昭氏とともに。

(4) 『吉野ケ里の秘密』（光文社）八七ページ参照。

(5) 「東南奴国に至ること、百里。……二万余戸有り」
「南、投馬国に至ること、水行二十日。……五万余戸なるべし」
「南邪馬壹国に至る、女王の都する所、水行十日・陸行一月。……七万余戸なるべし」（魏志倭人伝

(6) 『天皇陵を発掘する』（三一書房）所収の「天皇陵の史料批判」参照。

(7) 「東行不弥国に至ること、百里。官を多模と曰い、副を卑奴母離と曰う。千余家有り」（魏志倭人伝

(8) 『邪馬一国の証明』（角川文庫）「あとがきに代えて」参照。

(9) 「倭《やまと》は　国のまほろば　たたなづく青垣　山隠《やまごも》れる　倭しうるはし」

「命の　全《また》けむ人は　畳薦《たたみこも》　平群の山の熊白檮《くまかし》が葉を　髻華《うず》に挿《さ》せ　その子」「愛《は》しけやし　吾家《わぎへ》の方よ　雲《くも》居《ゐ》起《た》ち来《く》も」（古事記）

（10）「摩倍邏摩」（日本古典文学大系『日本書紀 上』〈岩波書店〉二九三ページ）、「倍（熱・北）——保」（校異六四五ページ下段二九三の2）。「熱」は熱田本、「北」は北野本。「保」の表記は、伊勢本・内閣文庫本。

（11）「愛《あい》、此を埃《あい》と云う」（神代紀、第九段、本文。日本古典文学大系『日本書紀上』一四三ページ）。

（12）従来は、これを「可愛《え》、此を埃《え》と云う」と読んできた。

第3の鍵　祝詞が語る九州王朝(1)

1　筑紫で行なわれていた大嘗祭

次は、祝詞《のりと》について述べます。祝詞は、平安時代に近畿天皇家によって収録された儀式資料の一つといえるでしょう。(2)

大嘗の祭のはじまり

したがって、

① これは近畿天皇家固有の資料である。

② 七、八世紀ごろの実例集である。

といった見方が、学界の一般の通説といえるかと思います。しかし私は、かつて「六月の晦《つごもり》の大《おほ》祓《はらへ》」を実例として、この祝詞が実は、「天孫降臨」直後、つまり「弥生前期末・中期初頭」(3)（紀元前一〇〇年ごろか）の時点において、筑紫（福岡県）、それも筑前の地において作られたものであり、その作り手は九州王朝の始祖であるニニギノミコト側である、ということを明らかにしました。詳細は、『まぼろしの祝詞誕生』（新泉社）に述べました。

今日は、まったく性質のちがう二つの祝詞を扱いたいと思います。一つは、「大嘗祭の祝詞」、先の「六月の晦の大祓」と同じ本質をもっています。他の一つは、「出雲の国造の神賀詞」、これこそ、八世紀、近畿天皇家が中心となったあと、その政治情勢を正確に反映して、新しく作られたもの、まさに「八世紀の同時代史料」なのです。

すなわち、古・新二つの祝詞を扱います。

「集侍《うごな》はれる神主・祝部等、諸《もろもろ》聞《きこ》しめせ」と宣《の》る。
「高天の原に神留《かむづま》ります、皇睦《すめむつ》神ろき・神ろみの命もちて、天つ社《やしろ》・国つ社と敷きませる、皇神等《すめがみ》の前に白さく、今年十一月の中の卯の日に、天つ御《み》食《け》の長御食の遠御食と、皇御孫《すめみま》の命の大嘗《おほにへ》聞しめさむための故に、皇神等あひうづのひまつりて、堅磐《かきは》に常磐《ときは》に斎《いは》ひまつり、茂し御世に幸《さき》はへまつらむによりてし、千秋《ちあき》の五百秋《いほあき》に平らけく安らけく聞しめして、豊の明りに明りまさむ皇御孫の命のうづの幣帛《みてぐら》を、明るたへ・照るたへ・和《にぎ》たへ・荒たへに備へまつりて、朝日の豊栄《とよさか》登りに称辞《たたへごと》意《おも》へまつらくを、諸聞しめせ」と宣る。
「事別《わ》きて、忌部《いむべ》の弱肩に太襁《ふとだすき》取り挂《か》けて、持ち斎《い》はへ仕へまつれる幣帛を、神主・祝部等請《う》けたまはりて、事落ちず捧げ持ちて奉れ」と宣る。

これは「天孫降臨」のときの話です。(4) ここで「皇御孫（スメラミコト）」と呼ばれているのは、ニニギノミコトです。アマテラスオホミカミ（より古い形ではアマテルオホカミ）の孫です。この孫が「天孫降臨」によって筑紫に遣わされ、その地を征服し、統一した。その直後に発令された宣言、そういうかたちをとっています。

その時点で真実（リアル）な内容です。それまでは神主や祝部がいて、それぞれの文明圏、それぞれの政治集団、宗教的テリトリーのなかで、祭りを行なっていたのです。

ところが「きょうからはニニギノミコトを中心に行なうことにするから、そのように心得よ」と宣言しているような祝詞です。こうしてニニギノミコト以後、大嘗祭はその後ずっと、筑紫で行なわれてきたのです。旧唐書のいう、筑紫の「倭国」で行なわれてきた、すなわち中心王朝は筑紫にあった、ということにつながっていくのです。「七世紀以前」は倭国、「八世紀以降」が日本国、後者は近畿中心。これが旧唐書の示す、歴史の大筋ですから。

日本書紀の大嘗祭の記述

そこで、天皇家の大嘗祭は「日本国」の大嘗祭であり、日本書紀によると持統天皇から始まっています。日本書紀の記述は持統天皇で終わっていますが、その持統天皇が大嘗祭の始まりとされている。いいかえると続日本紀の最初の文武天皇が、「大嘗祭を行なった持統天皇」を受け継いだ天皇である、という形で始まっているのです。続日本紀の文武以降には、代々大嘗祭の記事があり、天武以前には大嘗祭を行なった記事はありません。ただし、天武のところに「参加した」記事はあるのですが、「施行した」記事がないというおもしろい事実があるのが天皇家。古事記も日本書紀も、天智以前はまったくゼロなのです。

つまり近畿では「大嘗祭は行なわれていなかった」ということです。〝中心の権力者が行なう新嘗祭〟が大嘗祭ですから、七世紀末までは、近畿天皇家、正確には「近畿天王家は、中心の権力者ではなかった」ということが、日本書紀という近畿天皇家側の史書で裏づけされている、という問題につながっているのです。

ようするにこの大嘗祭の祝詞は、九州の筑紫で作られた。いつ作られたかというと、「天孫降臨」の時点に作られた。いまの常識では考えられないことですが、文面からみるとそれを示しているのです。(5)

2 「新式の祝詞」の時代

八世紀の思想表現

次に、八世紀に書かれた「出雲の国の造《みやつこ》の神賀詞《かむよごと》」を読んでみると、近畿中心の立場を冒頭にしめしています。

大八島国知ろしめす天皇命《すめろぎのみこと》の大御世を、手長《たなが》の大御世と斎《いは》ふとして……

とあります。これは、近畿の天皇家が大八島の中心であることをいっています。これは八世紀に書かれたものですから、その八世紀の「日本国」を支配するのは近畿の天皇であることを承認するという言葉から始まるのです。つまり、出雲が、八世紀の「日本国」を支配するのは近畿の天皇であることを承認しているわけです。そして「手長の大御世」とは長く続いてきている大御世ということで、大八島の話からずいぶん経っていますが、現在では大八島を支配するのは近畿天皇家の大御世です、という意味をあらわしています。

次は出雲のほうで、

いざなきの日まな子、かぶろき熊野の大神、くしみけのの命、国作りましし大なもちの命……

出雲大社本殿

「国作りまし大なもちの命」は出雲大社の神で、いわゆる大国主命「くしみけのの命」は熊野大社の神です。熊野大社のほうが出雲大社のより古いというのは有名で、火をおこす木を出雲大社から借りてきて、熊野大社の権宮司さんがさんざん悪態をつく、という儀式が、毎年行なわれているのはご存じだと思います。その古いほうの熊野大社の神と新しいほうの出雲大社の神と、もちろん両方とも「弥生以前」ですが、その両方を登場させています。

天のほひの命

高天の神王高御魂《たかみたま》の命の、皇御孫《すめみま》の命に天の下大八島国を事避《ことよ》さしまつりし時に、出雲の臣等が遠つ神天のほひの命を、国體見《くにがた》に遣はしし時に、天の八重雲をおし別《わ》けて……

ニニギノミコトの「天孫降臨」のときのことです。天のほひの命は、古事記、日本書紀ではあまりよく扱われておらず、国譲りをすすめに出雲に派遣されるのですが、大国主命にこびへつらって、出雲にとどまって、高天原への報告がなかった。そののち二度の失敗を経て、タケミカヅチノミコトとアマノミフネノミコトによって国譲りは行なわれるのですが、ここではその失敗した天のほひの命が、「私は出雲の神の遠い祖先である」と述べ、国譲りの失敗などひとこともふれず、祖先の力によって国譲りが成功したという感じに描かれています。これは興味深い点です。あらためて分析したいと思いますが、今日は触れません。

そして、

己命の兒天の夷鳥の命にふつぬしの命を副へて、天降し遣はして……

天のほひの命が祀られている祠（出雲大社）

と、二人の命をそえて「天孫降臨」の使いにやってきたことが述べられています。

その結果、

大和と出雲の「神神習合」

大なもちの命の申したまはく、「皇御孫の命の静まりまさむ大倭の国」と申して……

「静まりまさむ」とは大倭の国——奈良県にストレートに「天孫降臨」したといっているのではあり

ません。やはり、「天孫降臨」したのは九州で、その後、奈良県に静まっていらっしゃるという意味です。

そして、次が重要なところです。

　倭の大物主くしみかたまの命と名を稱《たた》へて、大御和《おほみわ》の神なびに坐《ま》せ、

これは、出雲の大国主命と、大和の三輪山の神とを結びつけようとしている論理なのです。これを私は、「神神習合」ということばでいままでも述べています。神仏習合というのは、日本の天照大神が外国からやって来た大日如来とイコールだというものです。そういうやり方ができたのは、すでにそのやり方、いうなれば「ノウハウ」が日本列島のなかで完成していたからです。その「もと」になるのが、「神神習合」からである。例をあげると、出雲の中心の神である大国主、大和の中心の神である大物主、これが実は同じ神であるという論理がある。「神神習合」です。

次も同じようなことで、

　己命《おのがみこと》の御子あぢすき高ひこねの命の御魂《みたま》を、葛木《かつらぎ》の鴨の神なびに坐せ、

あぢすき高ひこねの命は、出雲の大国主命の子ども。出雲風土記に登場して、大国主命とならんで中心的な神です。そのあぢすき高ひこねの命が、葛木の鴨の神といっしょに祀られていると。つまり、あぢすき高ひこねの命と葛木の鴨の神はイコールであるという「神神習合」を行なっています。

事代主《ことしろぬし》の命の御魂をうなてに坐せ、

国譲りのときに最後の譲り手となった事代主の御魂が、奈良県の高市郡の雲梯《うなて》神社にまつられている。雲梯《うなて》の神社の神と事代主とは同じであるという神神習合を述べています。

かやなるみの命の御魂を飛鳥の神なびに坐せて、

かやなるみの命というのは、よくわからないようですが、出雲側の神です。飛鳥の神社の祭神とイコールであるといっているわけです。

皇孫の命の近き守神と貢《たてまつ》り置きて、八百丹杵築《やほにきづき》の宮に静まりましき。

この主語は大なもちの命、つまり大国主命です。ですから、今いった「神神習合」の立場を大国主の命がおっしゃって、杵築の宮にお静まりになった、と述べています。時間の関係が複雑になっていますが、もちろん「神神習合」は八世紀以後のことでありますが、それを、実は〝大国主命の時代にいわれたとおりにやって、こうなったんだ〟と主張しているのです。こういう一種の「合理化」を行なっている。出雲側から「新しい近畿天皇家を、古い出雲の立場から肯定し、認承する」、そのために新しく作られた祝詞なのです。この立場を私は「新・出雲神学」と呼んでいます。

武彦少言(11)

十日市の駅（今の広島県・三次《みよし》駅）の裏にあった、私の家から学校までのあいだに「へびの道」があった。小さなみぞと田んぼにはさまれた道だった。そのみぞにへびがたくさん住んでいた。ときどき、通り道を横切った。少年は、へびを飛びこえてゆく。ときには、三段飛びのように。へびも、踏まれる心配はしていなかった。一匹、一匹の姿も、頭に入っていた。あるいは、顔も。きっと向こうも、そうだったであろう。もう、あのへびにも、何代目の孫が生まれたことか。

大和の時代へ

ここに親神ろき、神ろみの命の宣りたまはく、「汝天のほひの命は、天皇命の手長の大御世を、堅磐に常磐に斎ひまつり、茂しの御世に幸はへまつれ」と……

先に述べたように、天のほひの命は、古事記、日本書紀では大国主命にとりいろうとしたと、マイナスのイメージで書かれていますが、筑紫の大嘗祭に出てくる天つ神であり、「天孫降臨」の当事者の親神ろき、神ろみの命が、天のほひの命は近畿天皇家の永遠の繁栄を祈った神である、として讃美している。――そういうかたちです。

つまり、「現在、八世紀において出雲は、近畿を中心の王者と認めます。それは大国主命の言葉によってもそうであり、神ろき、神ろみの命が天のほひの命におっしゃったことからいってもそうなのである。神の意志の実現です」ということをいっているわけです。

いいかえれば、八世紀における「日本国」が七世紀以前の「倭国」を併呑して中心の王者になった。

その新しい権力者に対して、古い出雲の国造がやって来て、「大国主命、神ろき、神ろみの名において肯定する、美化する」という役割をになった祝詞なのです。そういう意味では、祝詞のなかでは新しい時代の新しい思想状況を表現したもので、非常に興味深く、重要な史料だと思います。

ところが、この祝詞を実在の歴史の原点と考え、大和中心主義の解説をするための、その証拠とする学者が現われています（梅原猛氏ら）。これは方法的には正しくないと思います。大和へ行けば確かにこのような神々がまつられていますが、それを基にして歴史解釈をしていると、真実の歴史とはまったく正反対の虚構の歴史観が作り上げられてしまう可能性があるからです。(6)

注

（1）この章は、今年（一九九三）三月一四日、東京・神田の学士会館で行なわれた講演（「古田武彦と古代史を語る会」主催）の一部を、まとめたものである。
（2）巻末資料によって全文参照。
（3）七九ページ以下参照。
（4）『盗まれた神話』参照。
（5）『盗まれた神話』末尾に増補された最終補章を参照。
（6）「近畿天皇家一元主義」という、国学以来一貫してきたイデオロギーの立場からでは、古事記・日本書紀はもちろん、祝詞のような重要な第一級史料さえ解読できない。この一点がポイントである。

第4の鍵　「縄文以前」の神事

1　「酔笑人神事」の伝えるもの

私は、今年（一九九三）の五月、貴重な体験をしました。名古屋の熱田神宮で、酔笑人《えようど》神事という「奇祭」を見た、いや、参加させていただいたのです。

熱田神宮の「奇祭」

昨年、「市民の古代　東海」の講演で同地に行ったとき、このお祭りの話を聞き、ぜひ拝観したい、そう思って当日（五月四日）を忘れずにいたのです。

たんのうしました。わずか一時間弱の行事なのですが、予想どおり、いや、それ以上にすばらしい小一時間でした。

神事は、六時四〇分ごろ始まりました。太鼓の音がドーン、ドーンとひびき、白い装束に、黒い烏帽子、木靴のボックリをはいた神主姿の神官が一七人、次々と控室から姿を現わしました。まだあたりは、ほの明るいのです。一七人が三三五五、やがて一列になると、神楽殿の前から鳥居をくぐって、参道。やがて、森にかこまれた一画で、なにやら闇のなかの儀式が行なわれます。木立ちのなかのことですか

鳥居をくぐって参道をすすむ神主姿の神官

ら、何人かの人影が進み、退き、儀礼の行なわれている様子ですが、見えません。私の隣の人は、フラッシュをたこうとして注意されました。はじめは私ひとりだった見物人も、二、三〇人にふえていたようです。

やがて一七人の行列が黙々と出発。玉砂利の上の木靴の音だけが、あざやかな音楽効果をかもし出しています。

一同は、外の車道を横切って、小さな社のある一郭に到着します。私たちも、見物人ではなく、神事への参加者として、到着するのです。

かなりのあいだ、何かゴソゴソと進退する気配がつづいたあと、いきなり、ピーッという横笛――竜笛というそうですが――の、かすかな音、それにつづいて、

「オホ、オホ、オホ、オホ」

という、女性のような、ひくいトーンの笑い声。一人の声です。つづいて、爆笑。いっせいのひびき。

「ワッハッハ、ワッハッハ、ワッハッハ」

そして笑いおさめるトーンで、

「ワッハッハ」

と、ひびきました。

そのあと、しばらく、ゴソゴソとした気配。そしてまた、一行は出発して、車道をもとへ。熱田神宮

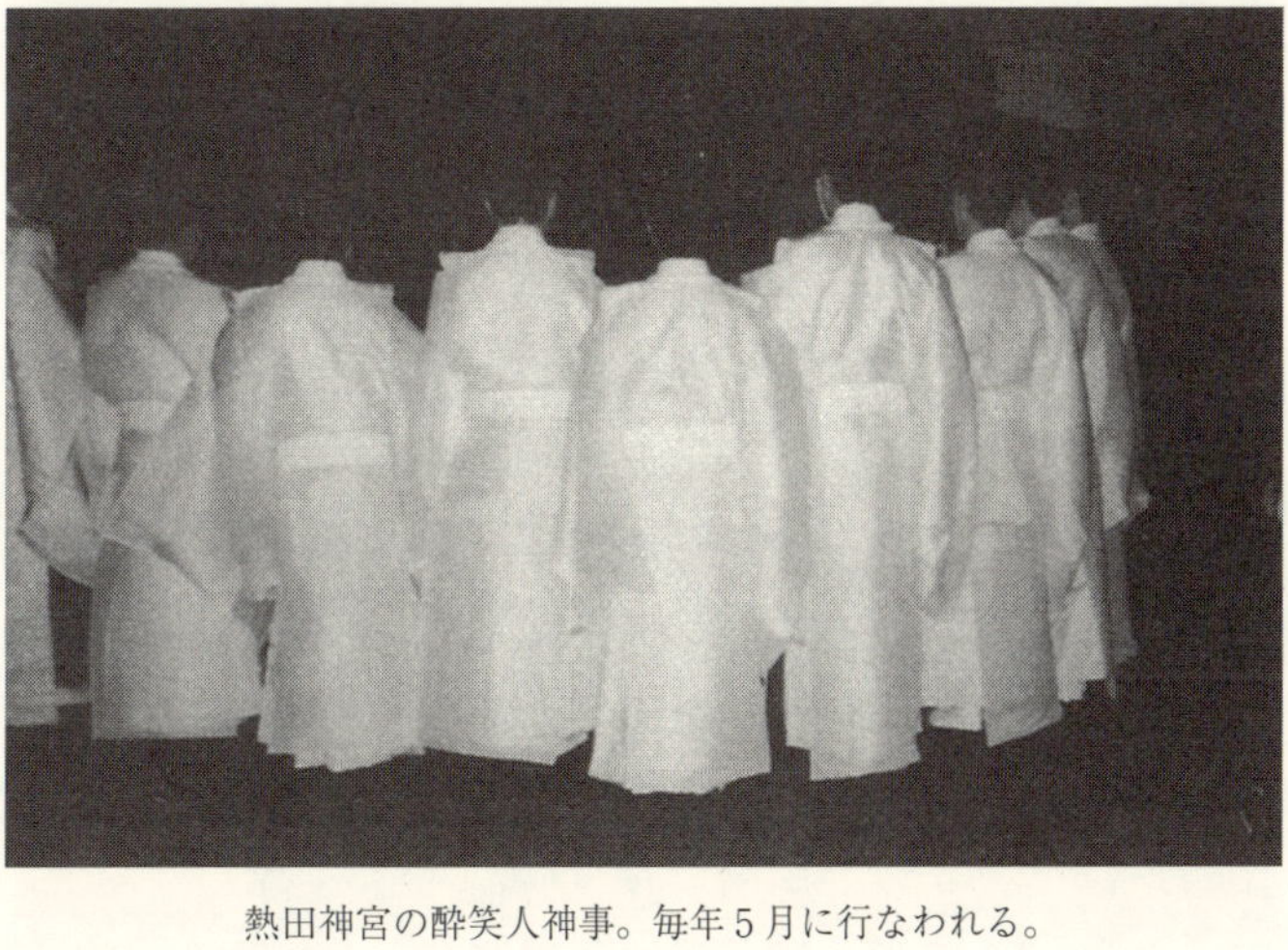

熱田神宮の酔笑人神事。毎年５月に行なわれる。

の境内に帰っていきます。

やがて、ひとつの社の前でとまります。前と同じ、横笛、女めいた笑い声。そして爆笑三回。ただ、最後の笑いおさめ、四回目は、今回はありませんでした。

第三回目の社。これは、第二回目とまったく同じです。

最後の第四回目。はじめ、出発した神楽殿の前に帰ってきました。ここで、第二回、第三回目と同じやり方がくりかえされます。終わると、三三五五、各神官は、もとの控室へ消えてゆく。やがて、控室の明かりも消え、真の闇のなか。見物人、いや参列者も、それぞれに帰路につきます。

簡明な儀式

予想どおりでした。否、予想以上といったほうがいいかもしれません。それは、儀式の簡明さです。余分なもののほとんどない、その率直さです。

ことに注目すべきもの、と私に思われたのは、そこにもちいられている「道具」に、「弥生以降のもの」、つまり金属器などがまったくもちいられていなかったことです。

竹笛はもちろん、「縄文以前」からありました。私も少年時代、うまく吹けない竹笛に夢中で挑戦したことがありますが、縄文時代の少年は、もっと早くから、もっと熱心に没頭したことでしょう。そして上達したことでしょう。おとなになって、名手と呼ばれる人びとは、今よりずっと多かった。私にはそう思われます。なにしろ彼らは、「学業」などでじゃまされる、中断されることがなかったのですから。

それに、なにより必要なもの、それは「笑う力」です。これは当然、人類発生と同時に存在した。私はそう思います。どんな、口のあけ方で笑ったか、写真も、ビデオもない時代ですからわかりませんが、さぞかしみごとに、遠慮なく笑ったことと思います。つまり、爆笑です。

もちろん、こそこそ笑いや、小さな声の笑い、女性的な笑いもあったでしょう。
――以上で、すべてです。私の聞き、見たかぎりでは、全部です。この「酔笑人」と呼ばれる神事の中味なのです。

もっとも、私の目には「見え」ませんでしたが、「神面」をとり出す、また収める、そういった作業もあったようです。神事に対する神社側の解説ではそうです。

この「神面」も、木面や土面は、すでに「縄文以前」に存在しています。能登半島の真脇遺跡から出土した「土製の面」がこれを証明しました。両側に穴があいていますから、実際に顔につけて、おそらく宗教的行事の際に使用されたようです。

能登で行なわれる御陣乗太鼓

この出土以前は、例の「御陣乗太鼓」の奇怪な面は、おそらく「大陸伝来」だろう、という解説が行なわれてきたのですが、さにあらず、「縄文以前」にさかのぼる、日本列島産出の宗教儀礼につながるもの、と判明してきたのです。

ですから、この「酔笑人神事」の神面も、やはり「縄文以前」にさかのぼる、「土製の仮面」や「木製の仮面」[1]に淵源する、そのように考えることができるのです。

私のイメージを述べます。

縄文――危険な時代

「縄文時代」というと、今でも、きわめて牧歌的な桃源郷、そういったイメージを描く人があります。

確かに、そういった一面もあるでしょう。管理社会、それも発達した管理社会に住む現代人にとって、「管理なき社会」「自由平等の社会」として、あるいは、それに近い姿を思い描くこと、それがまったくあやまりとはいえないかもしれません。

この問題については、詳しくはあとで述べることとして、今は、他の、もう一つの側面について考えてみましょう。

それは、「危険な時代」としての「縄文以前」というテーマです。

具体的な例でいうと、一番わかりやすいと思います。

かわいい孫がいた。ヨチヨチ歩きがうまくなっていた。ところが、夕方、裏の空き地で狼に食われた。かけつけてみると、頭骸骨だけが残っていた。

働き者の嫁がいた。いつも、山に入って木の実を拾い、海辺で貝を拾ってきて、みんなに喜ばれた。ところが、昼、山に入ったとき、熊に出会って、たたき殺された。みんなで山に探しにいって、血みどろの遺骸を見つけた。

頼りになる息子がいた。海が好きで、いつも魚を釣りに出ていた。ある日、風の向きが突然かわり、舟は黒潮にのったらしく、とうとう帰ってこなかった。

以上のような状況が、日常茶飯事。それが縄文時代だった。私はそう思います。

「縄文時代は、交通事故がなかったから、よかった」

そういう人があれば、それはようするに、「隣の花は赤い」のたとえどおりでしょう。ことに、「縄文以前」には、まだ「人間対、他の動物」の戦闘状態の決着がついていません。現代のように、他の動物は、ほとんど動物園に押しこめる——そういう時代ではありませんから、「四六時中、戦闘状態」、それが日常だったわけです。

ですから、一面では牧歌的な生活もあった、その反面、

「苦しきことのみ多かりき」

という時代でもあった、と思います。涙のかわくまもなしに、また、という朝夕だったと思います。

そこで、

「笑おう。笑って、笑って、いっさいの苦しみや悲しみを忘れよう。そしてまた、明日から、新しい時間を送ろう」

そういう儀式が生まれたのです。本来、「時」にくぎりなどありませんから、人間の手で、人工的に「くぎり」を作る。それが「神事」です。「お祭り」です。人間の智恵だと思います。

「酔笑人神事」とは、そういう人間の智恵が生み出した、悲しい祭り、苦渋に満ちた祭りである。

——これが、私の仮説です。

「木更津」は「君去らず」か

もっとも、神社側の解説は、私の仮説とはちがいます。パンフレットによると、

「天武天皇のとき、草なぎの剣が盗まれた。それが、幸いにも返ってきたので、その喜びの笑い」

それが神事となったもの、だとのことです。

ですが、私には、正直いって納得がいきません。なぜなら、もしそうだったとしたら、なぜこそこそと暗闇のなかで、

「笑う」

必要があるでしょうか。それこそ、堂々と、朝、もしくは真っ昼間、笑えばいいのです。見物人ならぬ「参列者」ともども。この儀式の「秘儀」めいた仕草を見ると、どうにも「天武天皇、云々」といっ

た解説は、ピンと来ないのです。

　他の例をあげてみましょう。

　東京湾の東海岸、千葉県側に「木更津市」があります。そこで今年二月、「君去らず、の像」ができた、ということです。そのいわれは、

「倭建命が、東征の際、神奈川県側から東京湾の南、浦賀水道を渡られた。折しも、海が荒れ、舟は進まず、難渋を極めた。これは、竜神の怒りであるから、人身御供《ひとみごくう》を奉って、その怒りを鎮めねばならぬ、と土地の人びとがいう。そこで、命がともなってきた弟橘姫は、みずからそれを望み、海のなかに身を投じていった。

　すると、たちまち海の荒れはやみ、命はこの木更津に着きたもうた。けれども、命は、姫を思うて、しばらくこの地を立ち去ることができなかった。そこで、

『君去らず』

といわれていたのが、後世なまって、『木更津』となった」

というのです。話の中核部は、古事記・日本書紀の伝えるところですが、この「木更津市側の解説」としての、
　　君去らず→木更津
という地名変化説は、明瞭な「こじつけ」。木更津市には申しわけありませんが、私には、そう思われます。

　なぜなら、「きさらず」という言葉は、次のような構成をもっています。

「ず」は、津（つ）です。港です。

「ら」は、「村」「浦」「空」といった、日本語の基礎単語と見られる言葉に、「～ら」という語形があります。すでに、『君が代は九州王朝の讃歌』、『「君が代」うずまく源流』（ともに新泉社）で述べましたように、

岩羅（いわら）――井原
沢羅（さわら）――早良
磯羅（いそら）――磯良

といったふうに、古代自然信仰が「～ら」の形の地名・神名などに残っているのです。したがって、この「きさら」の「ら」も、これと同類の「羅」、つまり「縄文以前」にさかのぼりうる地名接尾語、そう見なしても大過ないのではないでしょうか。つまり、

「木佐羅」

です。現に、「木更津市」の市制以前に、「木更村」があったようです。

最後の問題は、「木佐」です。

NHK放送文化研究所の主任研究員の木佐敬久さんは、「張政二十年の軍事報告書」というテーマ、それによる「総日程必須」提案によって、「邪馬台国」問題に一大転換をもたらした方として、有名です。(2)

この木佐さんは、島根県の平田市のご出身ですが、平田市には「木佐」という姓がたいへん多いそうですが、これは「きさ」という地名にもとづくものと思われます。

「宇佐（うさ）」
「土佐（とさ）」

といったふうに、「〜さ」の形の地名も、少なくありません。有名な、芭蕉の、

象潟や雨に西施がねむの花

の句の、「きさかた」も、「かた」は文字どおり、「潟」でしょうから、語幹はやはり、「きさ」です。このような、「〜さ」の地名群のなかの一つ、それがここの、

「木佐」

であり、それに「羅」という接尾語がつけ加えられたため、

「木更」

と、書くにいたった。これが私の地名理解です。

ようするに、「縄文以前」にさかのぼりうる「自然地名」である。——これが結論です(3)。

私は、以上のように考えて、疑いをいだいていません。したがって、これを、

「〃君去らず〃のなまり」

と見なすような解説は、ひっきょう、後代の「こじつけ」、そう考えざるをえないのです(4)。

結局、「自然地名」のままでは、あまりにもあたり前すぎるため、なんらかの「物語」に結びつけて「新解釈」を楽しむ。——こういった性格のものでしょう。

と同時に、思想史上、見のがせないこと、それは、

「天皇家の故事にむすびつける」

この性格です。この種の地名説話の特徴は、その地で「流行」している宗教の宗祖や聖人、またその地の権力者などの業績と結びつけるのが、常套手段です。なかんずく多いのが、天皇家内の人物、たとえば、倭建命《ヤマトタケルノミコト》、神功皇后、応神天皇などに結びつける、この例が一番多いのです。

この木更津も、その一つの例。そして、おわかりでしょう。あの「酔笑人神事」を〝天武天皇時代の故事に結びつけた〟のも、他の一つの例なのです。

「草なぎの剣」説話の真実

去年、すでに名古屋市の「市民の古代 東海」で述べたことなのですが、肝心の「草なぎの剣」自身が、そうなのです。

古事記、日本書紀の説話によれば、倭建命が、静岡県の焼津で、賊にかこまれて、草に火をはなたれたとき、伊勢神宮で、おばの倭《やまと》姫命からさずかってきた剣で、草をなぎはらって助かった。そして賊を征伐した、そういう趣旨が書かれています。

もっとも、熟読してみれば、ハッキリ、そうとは書かれていないものの、そういう印象を与えられる書き方です。なにより、「草なぎの剣」という、呼び名が私たちに、そういう暗示を与えたのです(5)。

ですが、よく考えてみれば、「草をないだ」から、「草なぎの剣」というのも、わかりすぎて妙な話です。でしたら、人の首を斬ったら「首斬りの剣」、足を斬ったら「足斬りの剣」とでもいうのでしょうか。

まあ、「命名」は、命名者の勝手としても、もう一つ、おかしなことがあります。倭建命は、この剣を、おばから「貸してもらった」のです。ならば、「返す」のがあたり前です。人間社会のルールです。なのに返さず、今も熱田神宮の御神宝、否、御神体となっているのは、なぜでしょう。

「倭建命が、のぼので死んだから、返せなかった」

けれど、従者もみんな、いっしょに死んだわけではありません。「倭建命の御遺志を体して」、伊勢神宮にお返し申し上げるのが、筋ではありませんか。「未返却のまま」で、熱田神宮の御神宝、否、御神体として祭られつづけている、というのも、いうなれば、「わかりにくい」話です。

伊勢神宮の内宮正殿

このような疑問をもちつづけていた、ある日のこと、和名抄（倭名類聚抄）を見ていて、「アッ！」と叫びました。

尾張国　愛智郡　日部

日部郷（天平勝宝二、四、十一、造寺所公文）

（草部御厨、神鳳抄）

とあるではありませんか。「日」が「くさ」と読まれているのです。

私たちは、「日下」を「くさか」と読むことを知っています。すでに、古事記序文で、太安万侶が、この読みを例に出しています。

亦姓に於て、日下、玖沙訶《くさか》と謂ひ、名に於て、帯の字を、多羅斯《たらし》と謂ふ。

というとおりです。ですが、私は〝うかつ〟にも、これは「日下」という熟語の場合だけだと思っていました。

ところが、そうではなかったのです。「日部」も、「くさべ」だったのです。

そのあと、電話帳をしらべました。というと、お笑いになるかもしれません。この笑いはもちろん、嘲笑の笑いです。

「古代史研究に、電話帳なんて」

と。しかし、そうではありません。

「電話帳は、古代史の宝庫」

なのです。論より証拠、東京都の電話帳を見ると、

日柳（くさなぎ）

日鼻（くさばな）

日馬（くさま）

といった姓がならんでいます。「日柳」は、江戸時代の学者に、

日柳燕石＝（くさなぎえんせき）（一八一七―一八六八・文化一四―明治一）

江戸末期の志士。讃岐出身。柏崎で病死。

という人がいます。それと同じ姓の方が、今もいらっしゃるわけです。

「日」は、単独で「くさ」と読む。――このルールが、和名抄と電話帳の「連用」で、確認されたわけです。

とすると、

「草なぎの剣」

とは、本来、

「日那柵《なぎ》（城）の剣」

ではないか、という認識が生まれます。「那柵」の「那」は「那の津」の「那」。〃水辺の領域〃を示します。少なくとも、〃ある領域〃の呼び名であることは、疑いありません。

そして「柵（城）」は、〝要害〟の意です。つまり、「太陽を祭る、水辺の要害の地」を示すのが、「草なぎ」。「草なぎの剣」とは、そのための部族、「日部」が祭る、御神体としての剣だったのです。

以上の理解が正しいとすると、この剣は本来、「熱田神宮の御神宝」または「御神体」であったことになります。

とすると、もう、おわかりでしょう。古事記、日本書紀の「草なぎの剣」説話のほうが、後世の、「神剣説話」だということになります。つまり、近畿天皇家内の人物、それも代表的な「英雄」である、倭建命に〝こじつけ〟〝付会した〟説話である。――とこういう帰結です。

以上のように分析してみますと、今回の「酔笑人神事」の場合も、これと同じ、「近畿天皇家内の人物」、それも中心人物である「天武天皇に付会した」説話であったことが、おわかりいただけたと思います。

本来は、「天武天皇の時代」などより、はるかに遠いいにしえ、「旧石器・縄文の時代」にさかのぼりうる神事だったのです。

武彦少言⑿

昨年（一九九二）名古屋へ行ったとき、大きな発見があった。倭建命をめぐる、古事記、日本書紀の説話のなかに、この尾張の国周辺の一段がある。ミヤズヒメとの交婚、イブキヤマの災厄、ノボノの死、といった展開だ。

ところがこれらは、実は、本来この在地の豪族（尾張氏か）をめぐる、在地の英雄の英雄譚ではないか、という問題が生まれた。

このテーマは、私にとって、古事記、日本書紀、ことに古事記の成立を知る上で、重要な「最後のキイ」となった。あらためて詳述したい。（現地の方々にお世話になったこと、忘れがたい）

2　「笑い」の神事の淵源

「笑う」神事が行なわれているのは、熱田神宮だけではありません。他の例をあげてみましょう。

弥生神話の形成

滋賀県には、もう一段素朴な神事があるようです。お祭りの日に、村人は山の上に近い社に登ってゆきます。そのとき、いっせいに笑いながら、登ってゆく、しきたりなのです。

そして帰り道、同じく笑いながら、下山する。これが、神事なのです。

〈「男女型の股木」を持って登り、男女の交わりをまねて大笑いする、とされています。豊作祈願のためといわれます。縄文時代では、多産と豊穣を祈ったものでしょう。蒲生郡日野町中在寺や甲賀郡甲西町朝国など。山崎時叙氏の「近江山神信仰の民俗学的研究」〈『近畿霊山と修験道』所収、五来重編、名著出版刊〉に述べられています〉

もう一つ。高知県の中村市。清流で有名な、四万十川の河口の町です。ここの中央部に「百笑」という字地名があります。「どよめき」と読みます。「波多の国研究会」の会長、平石知良さんのお宅がここにあるので、知りました。

「どよめき」というと、何か戦国の武士たちの叫び声などかと思いますが、ここではそうではないと思います。「百笑」という、当て字から見ると、やはり「笑う」神事のさいの〝いっせいの笑い声〟ではないでしょうか。それも、「十七人」どころか、「百」というのですから、村人たちが集まって、いっせいに笑いさざめく、そういう姿が思いおこされます。もちろん「御神酒（おみき）」が入っていることでしょう。

熱田神宮の場合も、昔は、酒を飲んでいたそうです。「酔笑人」という字面がそれを示しています。「えようど」という言葉は、「え」は〝よい〟という意味の形容語だろうと思います。古事記、日本書紀の「国生み神話」に

「あなにやし、えをとこよ」

「あなにやし、えをとめよ」

という、イザナミとイザナギの言葉が出てきますが、この「え（愛）」です。「よい男」「よい女」という、ほめ言葉です。「をとこ」「をとめ」という名詞についています。「酔人（ようど）」も、〝酒に酔っている人〟という意味の名詞ですから、その頭に「え」という〝ほめる言葉〟がつく、古語・古形を示しています。

さて、もう一つ。有名な例をあげます。

古事記・日本書紀の神代巻の「天の岩戸神話」です。天照大神が弟のスサノヲノミコトの乱暴に耐えかねて、天の岩戸に隠れます。他の神々は、困ってしまいます。そこで、思兼命（オモヒカネノミコト）が一計を案じ、神々を集め、酒を飲み、いっせいに笑いさざめかせます。大宴会です。

それを聞いた天照大神は、不思議に思います。自分がいなくなって、皆困っている、と思っていたからです。岩戸ごしに、外に向かって「何があったのか」と問うと、アメノウズメノミコトが「すばらしい、美しい女神さまがお出でになりました。神々は、それを喜んで、祝っているのです」と答えます。天照大神は、しっと心に耐えかねて、岩戸を、ちょっとだけ開き、新しく来たという女神を見ようとします。待っていたタヂカラヲノミコトが、そのすきまに手をかけ、岩戸をおしひらき、天照大神を首尾よく、外へ連れ出した。こういうお話です。

戦前には、教科書にも出ていて、有名な話だったのですが、戦後には出ていませんので、申しました。この神話は、「弥生時代の成立」である、と私は考えています。津田左右吉流の「六世紀以降、造作」説には、反対です。その論証は、すでに何回も書きましたが、要点だけ、左に個条書きします。

第一、「国生み神話」は、「アマノヌボコ（矛）」「アマノヌカ（戈）」を「道具」とし、「筑紫」を主舞台として、記されている。これは、弥生時代の筑紫（博多湾岸とその周辺）に、「銅矛」と「銅戈」の鋳型と実物が分布する、その出土状況と一致している。

この一致・対応は、すなわちこの神話が、弥生時代の筑紫の権力によって作られたことを示している。権力の「自己顕示」、神聖性の「正当化」のために作られたものである。

第二、記・紀神話中のハイライト「天孫降臨神話」もまた、「弥生時代の筑紫」の実状況と一致している。

「笠紫（チクシ）の日向（ヒナタ）の高千穂のくじふる峯《たけ》」

に天降った、という、その当地は、福岡市と前原市（旧糸島郡）とのあいだの高祖（タカス）山連峰である。そこに、日向（ヒナタ）峠・日向（ヒナタ）山があり、日向（ヒナタ）川が福岡市側に流れ出している（六九ページ参照）。その上、クシフルダケも現存し、農民の日用語となっている。(6)「高千穂」の「千穂」は「高山」の意の接尾語である。固有名詞部分は「高（「鷹」か）」。一方の「高祖」は「高栖（タカス）」または、「高巣」であり、「鳥栖（トス）」（久留米付近）と同類語である。「栖（ス）」は〝すまい〟〝すむ〟の「す」である。

古事記の上巻の末に、

「故《かれ》、日子穂穂手見命《ひこほほでみ》は、高千穂の宮に伍佰捌拾歳《いほちまりやそとせま》坐しき。御陵は即ち其の高千穂の山の西に在り」

（日子穂穂手見命は世襲名。二倍年暦）

の一節があるが、高祖山連峰の西、前原市（旧糸島郡）には、三雲・井原・平原といった弥生の王墓があり、豊富な「三種の神器（正確には、「三種の宝物」〈日本書紀〉）」の出土遺跡である。すなわち、

「考古学的出土物と神話との一致」

という、「シュリーマンの法則」が、ここにおいてもまた、一致しているのが認められる。

その上、重要なことは、この福岡県内を中心とする、北部九州において、

「前末・中初」

と呼ばれる。画期の一線が存在する事実である。すなわち、「天孫降臨」以後と、それ以前と、金属器（銅・鉄・金）や土器の出土状況が一変しているのである。

以上によって、「天孫降臨神話」は、弥生時代の筑紫に対する、侵入譚、その史実を「神話」の形式によって叙述したものであったことが判明する(7)（侵入軍の「原点」は、壱岐・対馬を中心とするところ。その

海上勢力による武装船団)。

第三、上のように、記・紀神話中の冒頭神話(「国生み神話」)も、末尾神話(「天孫降臨神話」)も、同じく、「弥生神話」であることが証明される。したがって、後者と登場者(天照大神)も共通する、「天岩戸神話」もまた、「弥生時代に作られた神話」と見なさざるをえない。

以上です。

この〝弥生に作られた、天の岩戸神話〟のなかに、

「神々が、酒に酔うて、笑いさざめく」

というテーマが存在していることが注目されます。いわば、そのテーマを「前提」として、この「弥生神話」が形づくられているのです。

とすると、このテーマは、「縄文以前」にさかのぼるもの。——これが、私の歴史判断です。

やはり、「酔笑人(えようど)神事」や「百笑(どよめき)」などは、「縄文以前」の習俗である。この私の判断は、あやまっていないようです。

「縄文以前の神事」が、二〇世紀の現在に遺存している。——これは、たいへんなことです。

破壊された遺跡

「記・紀神話は、六世紀以降の造作」とか、「現代に残っている説話の淵源は、せいぜい室町か江戸以降」、こういった通説を聞いてきた人には、「とんでもないこと」と思われるかもしれません。「りくつは、そうでも、うなずけない」。そういう反応の人びとも、少なくないと思います。

しかし、実はそうではありません。たとえば、縄文時代に栄えた、男根・女陰崇拝があります。大自然の豊穰を祈って、これらが信仰対象とされたことは有名です。現に、縄文時代のストーン・サークル

などから、実物が出土しています。

ところが、それと同じものが、現在、東北の農民たちによって祭られているのです。田んぼのそばにあって、季節ごとのお祭りには、欠かされることがありません。

その〝年代もの〟の本物がほしくて、永年、苦労した収集家、考古学の研究家ですが(8)、その方から苦心譚をお聞きしたことがあります。結局、石屋さんに頼んで、ソックリさんを作り、それと本物とを、とりかえてもらったそうです。岩手県のことです。

「縄文以前」の信仰が、現在も生きている、これはその明証です。とすれば、その神事が現代に残っていて、なんの不思議もないではありませんか。

この点、日本列島は、古代信仰の宝庫なのです。これに比べれば、ヨーロッパなど、「古代信仰の墓場」だと、私はつくづく思いました。ヨーロッパの古代遺跡を再度、歴訪したときの印象でした。

中世から近世にかけて、有名な「魔女裁判」が、ヨーロッパ大陸を席巻したことは周知のところです。魔女審問官を十数年、務めた人物の記録に、何百人もの魔女を〝火あぶり〟にしたことが記されています。

この「魔女」とは、「巫女（みこ）」です。キリスト教の「侵入」以前、何十万年も、ヨーロッパ大陸は、「多神教の世界」だったわけです。その中心が女性、卑弥呼《ひみか》のような巫女だったことが、タキトゥスの『ゲルマニア』や『ガリア戦記』に示されています。

その「巫女たち」が、「反キリスト」の魔女と見なされたのです。そして「見せしめ」として、〝火あぶりの刑〟にされた。そういうことです。

人間さえ「焼く」のですから、聖地の「聖石」など、当然「破壊」され、「破棄」されたわけです。

この点も、牧師さんが中心になって、熱心な信者とともに、「聖石こわし」にはげんだ時期が、これもちゃんと記録されているのです。私たち、歴史の研究者には〝ありがたい〟ことなのですが……。

当然、多神教の信仰にささえられた「神事」やお祭りも、「破棄」されました[9]。

その結果、ほとんどが「中心の聖石」は破壊され、破棄され、まわりの「列石」、つまり石のサークルだけになった。これが名前どおり、ストーン・サークルなのです。もちろん、その「サークル」も、あちこちがこわされ、もち去られ、不完全なものが多いのですが、もし「完全」に近ければ、近いだけ、〝奇怪〟な様相を呈します。なにしろ、「目玉」にあたる、中心の「聖石」がない、もしくはこわされた「断片」だけなのですから、

「何のために、これほどのサークルを作ったのか」

謎になるのが、当然。ならないほうがおかしいのです。

というわけで、ヨーロッパは、まさに「多神教の墓場」と化しているのですが、これに比べると、日本列島は、「多神教の宝庫」です。

先にあげた「足摺岬周辺の一大巨石群」など、そのさいたるものですが、一方、私たちにとって、何もめずらしくない神事、その中に「人類史の秘密」が隠されているものがあります。最後に、それに触れましょう。

弓矢の発明

それは、「歩射神事」です。日本列島各地の神社に、いたってよく見られるものです。

熱田神宮では、一月一五日に行なわれます。

大きな「的」をおき、それに向かって矢を射る。それだけの神事です。もちろん、各地の各神社、各様で、やり方や由来もまちまちです。ですが、右の大筋、というより核心は、変わりようがありません。

「あんなもの、何がめずらしい」

そう反問される方も多い、と思います。

しかし、この神事のなかには、人類史上、最大の画期をなす、キイ・イベント（事件）がふくまれている。私は、そう思います。

人類ははじめ、孤独でした。力が弱かったのです。この地上に誕生して以来、ながき「受難時代」のなかにいたのです。

なぜなら、考えてもみてください。足が人間より速い動物は、いくらもいます、鹿やカンガルー。力が人間より強い動物も、いくらもいます、熊や虎、そしてライオン。目の視力が人間よりいい動物も、いくらもいます。狼や馬。それに、人間の飛べない、空を飛ぶ動物たち、鳥もいます。ようするに、この地球上には、人間以上の能力をもった動物たちがあふれていて、彼らに、人間はかこまれていたのです。孤独・不安でした。先にあげた、「悲しみと苦渋」が日常の時代、そういう何十万年がすぎたのです。

そしてある日——短絡《たんらく》した言い方をお許し下さい——転機が訪れました。それが、「弓矢の発明」です。

この発明によって、人間は、自分より足の速い、鹿やうさぎを射殺すことができるようになりました。この発明によって、人間は、自分より力の強い、熊や虎を、何人もの弓矢がとりかこんで、斃《たお》すチャンスがやってきました。少なくとも、手きずを負わせて、追いはらう、その夢が可能となったのです。

そして鳥。いつも、指をくわえていた、あの軽やかな獲物を射おとすこともできたのです。

ここから、「他の動物たちの受難時代」が始まったのです。そのあげくが、現在、人間以外の動物は、すべて「動物園」におしこめられてしまいました。人間の「ひとり勝ち」に終わったのです。

このような、人類史上の一大転機、それが「弓矢の発明」です。もちろん、その「前史」として、「パチンコの発明」があったでしょう。チン・ジャラ・ジャラのパチンコではありません。私も子ども時代に熱中した、木のまたに輪ゴムやゴムバンドをかけて、石を飛ばし、雀をねらったりする、あれです。

もちろん、「縄文以前」に、輪ゴムやゴムバンドはありません。その代わり、竹はありました。竹をしならせて、小石を飛ばす。この装置は、かならず「縄文以前」どころか、「旧石器以前」からあった、と思います。それが改良され、発展したもの、それが「弓矢」だ、と思います。

人類史を二つにわけるとすれば、「弓矢前」と「弓矢以後」との二期にわかれる。そういう一大画期点、それが「弓矢の発明」だったのです。鉄砲の発明や原子爆弾の発明など、及びもつかぬ、一大発明です。

この発明をもたらしたものは、何か。当然、人間の「頭」です。「頭」だけは、人間が他の動物に勝っている、唯一の点、少なくとも最大の点だったのです。

しかし、古代人は、そのようには考えませんでした。「神様からの贈り物」、そう考えたのです。ですから、「弓矢の神事」が、神前で行なわれる。神様への感謝の神事なのです。

もし、各地の各神社の各神事を、それぞれ克明に、訪問し、参列し、記録し、写真化し、ビデオ化した上で、考古学の「編年」のように、克明に「前後関係」をつけたとしたら。その壮大な時間尺は、すなわち「人類の発展史」のための貴重な「物さし」、基準尺となることでしょう。

もちろんそれは、一日本列島だけではない、地球上の全人類史のための基準尺となることでしょう。

もしかしたら、「パチンコ神事」などというのも、あるかもしれません。蒙古やチベットなどに。楽しい予想です。

少なくとも、この日本列島には、人類史の真相を明らかにすべき、秘密の鍵がゴロゴロしている。これが私の実感です。

学問上の、この作業仮説を確かめるための、長大な探究の旅が、私の残された人生のなかにあるのか、それとも、他の、今から登場してくる若い魂とその足に依拠することとなるのか、それはひとえに運命の神の決裁によるものであり、私自身の関与できるものではない。私には、そう思われます。

注

(1)「木製仮面」は、日本列島では腐敗して残りにくいが、それは「土製」よりも古いと考えるのが当然であろう。なぜなら「土製」は「縄文以後」と考えられるが、「木製」はそれ以前からありうるものだからである。木の存在は、人類よりも古い、そう考えていいのではないだろうか。だから、少なくとも材質そのものの存在は、当然「縄文以前」。それが「面」という形をとる、そういう人間文化の「上限」はいつか、まだ私にはとても、それを知る力、方法はない。

(2)『すべての日本国民に捧ぐ』(新泉社)参照。

(3)「き」は、樹木の意とともに、柵、要害を示す用法もある。

(4)江戸時代から、すでにこの地名解説があり、木更津市がこれを「採用」したようである。

(5)古事記では、「是に先ず其の御刀を以て草を苅《か》り撥《はら》ひ」(景行紀)とあるだけで、名称との関係は記されていない。日本書紀の本文も同じ。ただ「一に云う」の中にだけ、「故《かれ》、其の剣を号して草なぎと曰ふといふ」として、命名と関連づけている。

（6）『怡土志摩郡地理全誌』（大正二年五月、東京糸島会発行）所収。高祖村、椚《くぬぎ》。『盗まれた神話』第七章「筑前の中の日向」参照。
（7）詳しくは、『九州王朝の歴史学』（駸々堂出版、一九九一年／ミネルヴァ書房、二〇一三年）所収、「歴史学の成立」参照。
（8）高橋昭治氏。
（9）実際は、十字架と「結合」されて、「キリスト教のお祭り」として「復活」させられているケースも多いようである。そう、春の「復活祭」もそのひとつ。

第5の鍵　立法を行なっていた「筑紫の君」磐井(1)

1　「反乱」を起こしたのは磐井ではない

私は、『古代は輝いていた』(全3巻、朝日文庫／ミネルヴァ書房)のなかで、「磐井の反乱」といういい方はまちがいである、『日本書紀』がそう書いているのは近畿天皇家中心のイデオロギーで逆転させて書いただけだ、歴史上の真実からいえば「継体の反乱」である、と書きました。いわゆる「磐井と継体の問題」です。

これを読めば、「逆賊磐井」ということが、いかに歴史の真実に背いており、天皇家中心というイデオロギーによる改ざんであるかが、おわかりいただけたことと思います。

さらにこれからダメ押ししたいと思います。かんたんな証拠があります。磐井は風土記によると、「別区」というところに裁判の場を設けた。猪を盗んだ泥棒、これを裁く裁判官が石で表現されていました。そしてまたそこは政所、衙頭《がとう》と呼ばれると書いてあります。ということは、つまり磐井は、自分の政治的な業績として、裁判、ルールを確立したということを誇っていたと考えざるをえないわけです。

古代の裁判所

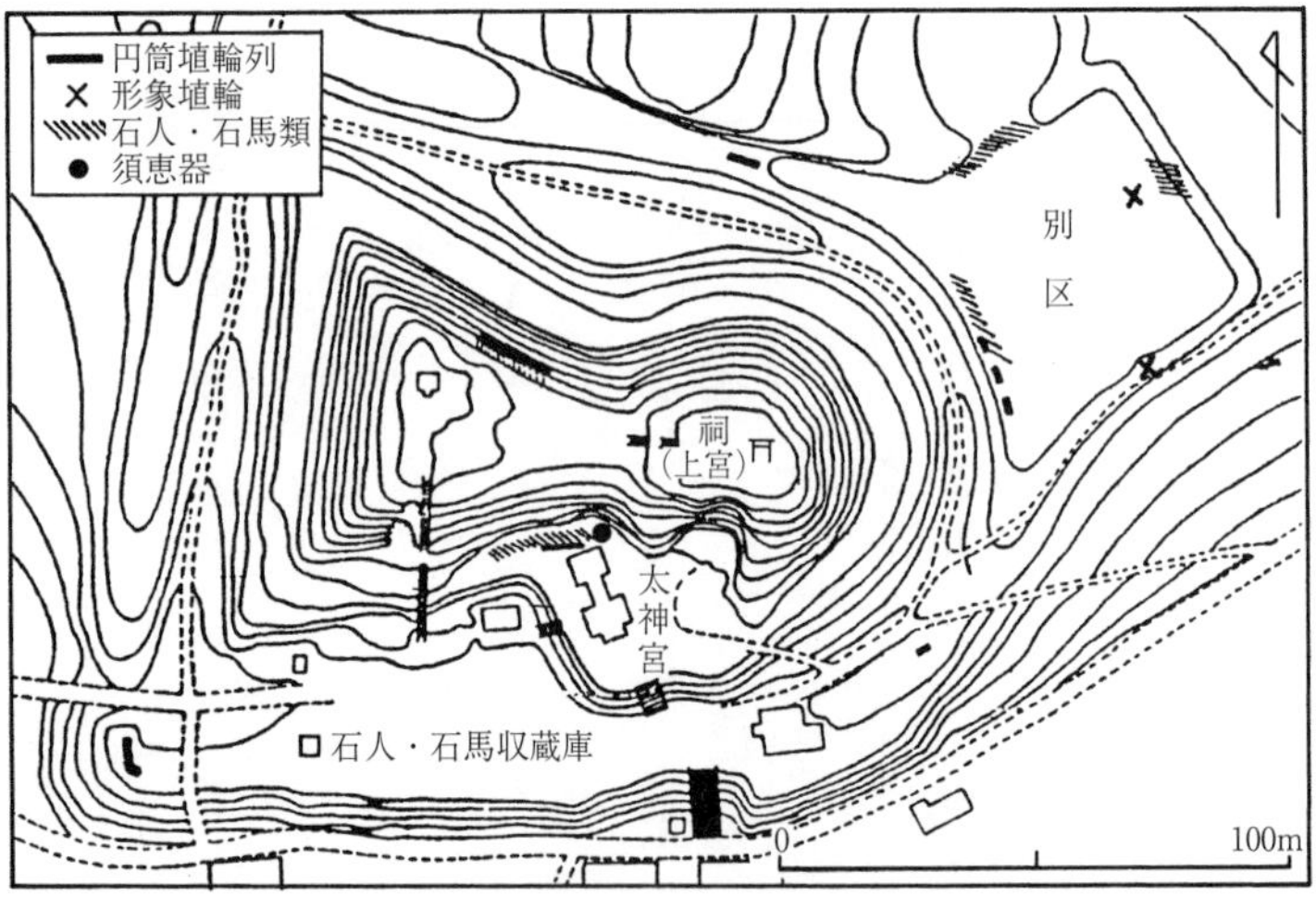

岩戸山古墳と別区

裁判に無関心だったけど、その場かぎりのちょっとした気まぐれでそれらを作ったとは考えられません。しかも風土記の内容を見ると、そこに使われている用語は中国の立法用語です。犯罪に関する用語など次々に使われています。たとえば「トウジンと書いてあるのは盗人のことである」などと、倭語で言い直して説明してあります。だから磐井は中国の立法用語でその裁判を行なっていたということがわかるわけです。つまり磐井は立法を行ない、それによって裁判を行なうということを、自分の重大な政治的業績と考えていたということが証明されるわけです。

ここで考えるべきことは、立法を行ない、それによって裁判を行なうことができるものはだれか。中国で考えてみれば天子だけです。中国は広いといっても、各地方でそれぞれまちまちの立法で裁判を行なっていたという話は聞きません。そのときの中心の天子が立法を行なう。そしてそれを洛陽なら洛陽、長安なら長安で実行する。それを模範にしているのですから、当たり前の話です。ということはあの広い中国でも、中心の王者しかできないことを、この日本列島では一地方豪族がやっていたということになります。

もし仮に磐井が地方豪族であったなら、継体のほうはもっと立法を行なっていなくてはいけない。磐井の二倍か三倍か、三乗か四乗くらいの立法を行なっていなくてはおかしいといわざるをえません。地方豪族の磐井ですら、立法を行なって政治をやっていたのですから。

では、日本書紀にそう書いてあるか、古事記にそう書いてあるか。古事記では、継体は磐井を殺したという、短いフレーズがあるだけで、法を立てたなどとは、ひと言もありません。

継体王朝の後継者たち

一方、日本書紀は、継体のところにたくさん記事がありますが、いっさいそんなものはありません。これは重大です。なぜかというと、日本書紀はご存じのように七二〇年、元正天皇のときに作られました。このときの天皇家は、いったん武烈のところで切れています。だから天智、天武、また持統、文武、元明、元正らは継体王朝であるといえます。そういってまちがいだという人はおそらくいないでしょう。ということは、その継体王朝の後継者たちがよく知っているのは、継体以後なのです。武烈以前はちょっとちがうわけですから、以前からあった伝承の話を参考にして、あるいは他の史料をもってきて書く、ということになります。

ところが継体以後は自分たちの王朝ですから、これはかなり確かな情報をもとに書かれているはずです。つまり継体が、もし筑紫の君磐井の何倍も立法を行なった人であれば、当然それについて何か書いてあってしかるべきです。継体をほめて書いて、武烈はメチャクチャに悪口が書いてあります。これは、継体のほうがあまりフェアな権力の握り方でなかったということの、逆証明のようなものですけど。それはともかく、継体に関してはほめちぎっている。

だからもし継体が立法の王者であれば、直接の子孫がわずか二〇〇年そこそこですっかりその立法の業績を忘れてしまうということがあるでしょうか。しかも立法というのは、継体がタバコを好きだったとか、酒をよく飲んだという話のたぐいとはちがうのです。法律を施行してそれで政治をやったということです。それが受け継がれて、推古朝を下ってずっと行なわれてきて、大宝律令が八世紀に作られたときに「あの大宝律令は、もとをただせば何をかくそう、継体天皇がお作りになった立法に基づくものである」と書いてもよさそうなものです。

ところがぜんぜん書かれていない。継体王朝の歴史官僚たちが、舎人親王のもとで寄り集まって作業をしていながら、一言も書かれていないのです。「いや、継体天皇はお作りになったはずだ。磐井ごときが作ったのに、継体天皇がお作りにならなかったはずはない。だからここに書かれていなくても、お作りになっているのだ」と言いきることができるでしょうか。

中央権力者としての立法者

日本書紀に、その継体王朝の子孫によって、継体が非常に美化して書かれているにもかかわらず、継体が立法を行なったというこん跡はないのです。一方、磐井のほうは立法の確かなこん跡がある。立法を行なったほうが家来の地方豪族で、まったく立法を行なった形跡のないほうが中心権力者である、そのようなこと、信じられますか。

この立法というものの性格をみると、世界のどこにおいても、原則的に法律は基本的には中心の王者が作るものです。もちろん江戸時代には、各藩で藩法がありましたが、これはプラスアルファのものであり、江戸幕府が根幹の部分を握って、掟やルールの基礎を敷いたことはご承知のとおりです。あの磐井の時代に、藩法のように各地で中国の立法を真似して作られたような形跡はどこにもありません。日本列島では、立法を行なったのは、中心の王者以外にないのです。

いまの時代においても、自分が悪いことをしたのに、逆に相手にそれをなすりつけるということがあります。磐井が「逆賊」というのは、反乱を起こした側のレッテルを逆貼りしたものであり、信じがたいかもしれませんが、やはりこれは「強引なテクニック」のたぐいと考えざるをえないのです。

結局、磐井というのは、倭国の中心の王者であった。しかも日本における「立法」という精神を具体的に始めた人なのです。

こうやの宮

2　筑紫の王者の即位

七支刀と異様な人形

磐井が立法者であることの証拠として、一、二の他の例をあげてみましょう。

一つは、福岡県の瀬高町にあるこうやの宮です。小さな社みたいなところですが、土地の方が守りつづけられている。それを拝見してビックリしました。はじめ、そこに七支刀を携えた人形があるということを聞いて、それを見たいと思って訪れたのです。私は、日本書紀にあります七支刀の話[3]は、九州王朝が百済からもってきたものを、近畿天皇家が自分たちの話にすりかえて書かれたものであるという、非常に大胆な理論を『失われた九州王朝』（朝日文庫／ミネルヴァ書房）において述べました。

こうやの宮には確かに七支刀はあったのですが、そのほかに

こうやの宮の人形

大和からの使者

こうやの宮の主

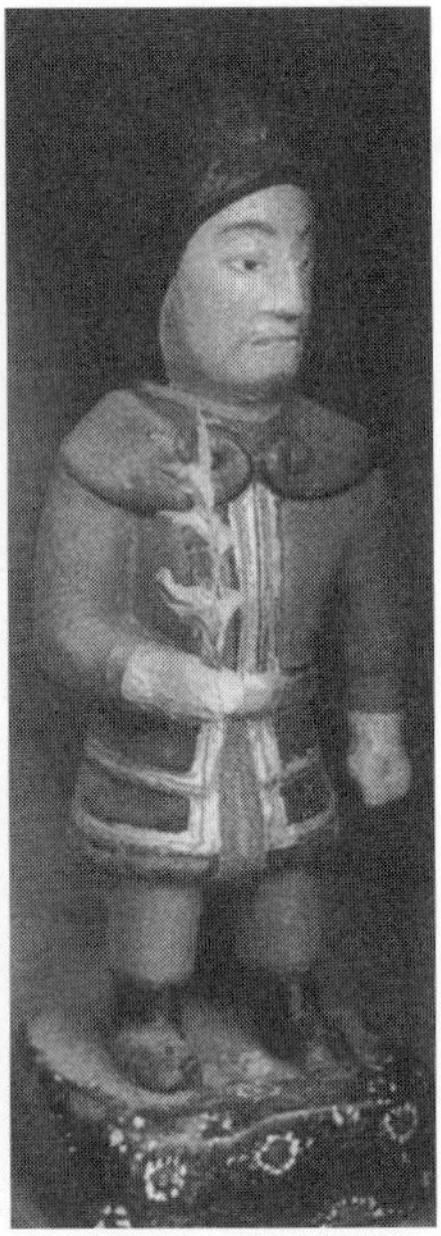
七支刀をもつ百済の官人

南方からの使者

高句麗からの使者

変わった人形が並んでいたのです。ひとつは聖徳太子のような、いわば「大和」風な、その使いと思われる少年のような人物の像がありました。それから高句麗あたりから来たかと思われるような、非常に背の高い、異様な人形がありました。そして、真っ黒の肌をした、裸の人物で、やはり王子のような身分の高い人物らしく、腕のところに金の腕輪のようなものをした人形がありました。裸ですから南方から来たという感じなのです。

そして、一番最初にひときわ大きくすわっているのが、そのこうやの地の中心の王者。現在の高良大社の主でもある人物がすわっている。おそらく、それはその中心の人物の即位に際して、周辺の国々からお祝いにかけつけたという各国の使者たちの人形なのです。

私は、このスタイルのものを新羅でも見たことがあります。それも新羅王の墓と思われるところにあり、その両側に石像が立っていました。その石像が中国の使いらしかったり、また高句麗の使いのようであったりするものとともに、服装から顔つき、体つき、刀の差し方から、アラビア人としか見えない石像が二体ありました。この場合は新羅王のお墓ですから、死に際して、各地から悲しみにかけつけた人々のなかに、アラビアからも遠く哀悼の意を表しに来たということを石像のかたちで記念しているわけです。

南方からの使者

やはり遠くから来ているというほうが、その人の徳が高いという証明になるのでしょう。新羅の場合はアラビアから来た、と。ところが、このこうやの宮の場合は、南方の、裸の、赤道かいわいの王者の使いらしき人がやって来ていました。

新羅のものは、当然新羅の王者の墓です。新羅の地方豪族が死んだのに、アラビアから来るはずはない。同様にこのこうやの宮にも、この人形の中心人物（向かって右端）が倭国の王者であるからこそ、南方からも使者が来ているわけです。百済からも、高句麗からも来ているわけです。そういう人形が残っている。すばらしい史料です。

それらは新品のような顔をしていましたが、その土地の方々に聞くと、「ああ、あれは何年かおきに塗り直しています」と。顕微鏡写真、電子顕微鏡写真、赤外線写真といった科学的な検査をすれば、いろいろおもしろいことがわかるのではないかと思っています。

やはり倭国の中心がこの地であったということの裏づけといえます。

もうひとつ、証拠をあげておきましょう。

盗掘にあった王冠

先日（一九九三年五月）、太宰府に寄ったあと、筑紫野市の柳沢病院院長の柳沢義

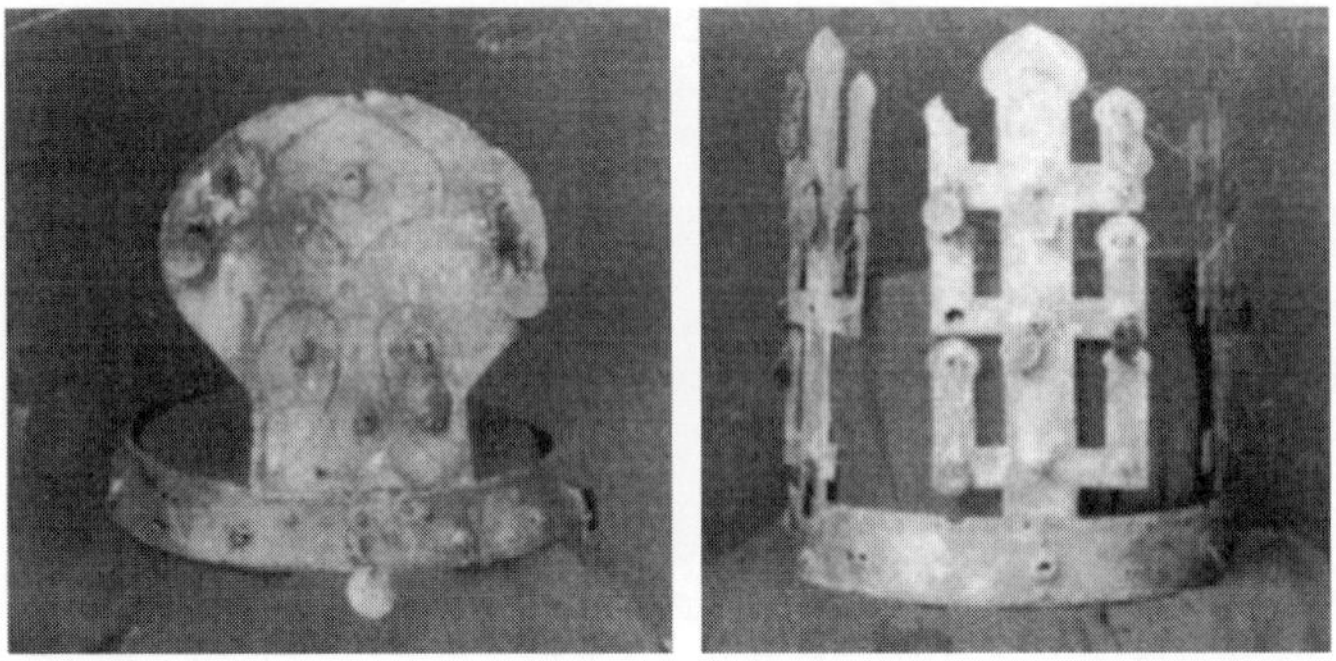

王冠（右）と女王冠。太宰府近辺の古墳から出土したものと伝えられる。

幸さんを表敬訪問させていただきました。というのは、柳沢さんは私の出身の旧制広島高等学校の大先輩でして、もう八三歳ですが、まだ現役で外科手術もされているということでした。その際、奥のほうへ通していただいて、久しぶりに王冠を見せていただきました。これが新羅の国王の冠によく似ているのです。「出」の文字のかたちに似たものがさん然と輝いている。これは王のほうの冠です。それで女王のものと思われるものは、熊本の江田船山にも同類のものがありますが、それよりもずっと立派で、大きなものなのです。明らかに、新羅と同じレベルの王者のものであるといえるでしょう。

それらは一対になって、太宰府の近所の古墳から出ました。そしてそれが売り飛ばされそうになったところを、流出を惜しんだ柳沢さんが買い取られたといいます。「盗掘」されたものでしょう。しかしとにかく掘り出されたのが、太宰府近辺の古墳であることだけはわかっている、ということなのです。

しかし直接発掘されたものではないから、いわゆるプロの考古学者などは、〝敬遠のフォアボール〟といった感じのようですが、私はやはり貴重な宝物、文化財として大事にすべきだと思います。それらの王冠が、「地方の豪族」などのもてるものではなく、新羅王と同じレベルの倭国の中心の王者のものであったことが、いずれ証明されるときがくるはずだからです。

3　岩戸山古墳

考古学者は「実際に出土したのを自分たちが見なければ信用できない。それが学問だ」というかもしれません。そういう方には幸いにも、非常にいい方法が残されています。それは、岩戸山古墳の発掘です。

石人石馬の破壊

風土記のなかに、継体側の軍が「別区」に作られていた石像をこわしたと、手や足をこわしたという話があります。それで現在、われわれが見る石像はだいたいこわされています。残念ながら、五体満足のものはないのです。だから「ああ、風土記にあるとおりだ」と、『失われた九州王朝』でもそう扱いました。

岩戸山古墳の石人

それがまちがいでした。日本書紀に、磐井の子である葛子が継体と和睦した、とあります。葛子が跡を継いだのですから、いまの岩戸山古墳は、葛子が非業の死を遂げた父親を祭った墓ということになります。そのときに葛子は、大和朝廷の軍がこわした半かけらの石像を、そのまま「別区」に置いて祭ったのでしょうか。そんなことはない

石人。頭と右肩の部分のみ残っている。頭には兜をかぶっている。

でしょう。もしもその石材が中国やヨーロッパからとりよせたもので二度と手に入らない石ならいざ知らず、それらは阿蘇山系の石です。権力者ならいくらでも手に入ります。

　当然新しく作り直して配置したはずです。そうなると、どうして現在のようにこわされたままの状態になっているのか、という問題が出てきます。

　おそらく旧唐書にみられるように、七世紀終わりまでは筑紫が倭国の中心だったのでしょう。そのときに磐井の石人石馬はこわされるはずはありません。非業の死をとげた「立法の王者」ですから。では、だれがこわしたのか。八世紀以後、近畿天皇家の時代になりました。太宰府も地方官庁のような扱いにされたわけです。つまり、その〝八世紀以後〟にこわされたと考えざるをえないでしょう。

　つまり風土記に書かれた継体以前の破壊は、「継体の反乱」当時の戦争中における第一次破壊。ところがいまわれわれが目にしているのは〝八世紀以後〟の、近畿天皇家の支配にこの地方が入った以後の第二次破壊[4]の結果である、という結論にいたったわけです。

岩戸山古墳の発掘

それを証明する方法は、いまの岩戸山古墳の石室の発掘以外にないでしょう。

明治以後の考古学者には一言いっておきたい。考古学者の方が聞いたら腹を立てるかもしれませんが。というのは、私は日本じゅうの古墳へ行くわけですが、すると彼らはその発掘した跡をめちゃくちゃにしているんです。穴を開けたままだから泥水がたまったままになっている、有名な古墳が。それがいたるところに見られる。なかの物はみな大学の研究室へ持っていって、何十年もほったらかしです。

ほんとうに明治以後の考古学者は、ひいてはその考古学者を生んだ日本人は、魂を失っていると思う。死者に対する礼儀を失っていると思う。古墳は死者に対する礼をもって作られたものですから、われわれも死者に対する礼をもつべきです。

第一、考古学者は発掘するときに、始まりの儀式をしません。それはべつに神式だって仏式だって何でもいいわけです。やはりその前に立って、整列して、心から礼をして、「今から学問のために掘らせていただきます」というのが人間として当たり前のことだと思うのですが、私の考え方はまちがっていますでしょうか。考古学者がそういう儀式をしているのを見たことありますか。私はありません。

そして、発掘が終わったら、また「どうもありがとうございました。発掘させていただきまして、もとと同じように、あるいはそれ以上にさせていただきました。失礼いたしました」と。こうした礼のある儀式を絶対にやるべきだと思うのです。こうした気持ちがないから、発掘したあともほったらかして帰るわけです。大学の研究者だからといって、それが許されることがあるでしょうか。断乎《だんこ》として「否(ノン)」です[5]。

だから、岩戸山古墳を開けさせていただくときは、もちろん土地の方々のご理解を得て、いうなれば磐井の冤罪をすすぐということもふくめて、開けさせていただく。そして発掘後は、それまで以上に立派にすることが必要だと思います。

この古墳は、内部まではこわされていない可能性が高いと思っています。なぜかというと、その上に神社がある。それは天照大神を祭っている神社なのです。日本人のメンタリティとして、そういうものの下をこわすことはなかなかできません。とくに大和朝廷は天照大神には弱いですから。天照大神というのは、阿麻氏留《あまてる》神社が対馬の小船越にありますが、これが原産地であると私は考えています。天皇家はその分派で、天照大神を伊勢の皇大神宮に祭ったのではないでしょうか。
というわけで、天照大神を祭っている神社には弱いですから、古墳のなかはきっと空っぽにはなっていないと思っています。

さらに韓国の、百済の武寧王陵のなかから石碑が出ました。このなかには私にとってとても貴重な記述が入っていました。一角獣の石像、ユニコーンです。筑紫の君磐井は、武寧王とまったく同時代の人物ですから、同じ空気を吸っていた間柄であり、おそらく武寧王と磐井は知り合っていたはずです、直接にしゃべり合ってもいたはずです。そういう間柄ですから、岩戸山古墳のなかにも、そういう記念の石碑のようなものや、石像などがあっても、まったく不思議ではないと思っています。外にあれだけの石像を作る人です。葛子にしても、なかに石像を置かないほうが、ほんとうはおかしいでしょう。

つまり、いまわれわれが目にしているのは第二次破壊である、本来のものは葛子が立派に作ったはずである、と。これは仮説です。その仮説がほんとうかうそかは、開けてみればわかることでしょう。

古墳発掘と「別区」の復元

天皇陵もぜひ、岩戸山古墳と同じように、死者を尊重し、発掘したあとは前よりずっと立派に、威厳のあるものにするということを前提に、発掘させていただくべきだと思っています。しかし宮内庁は、天皇を神聖化した明治憲法下の発想のまま天皇陵を絶対開けないとがんばっている。新憲法になっているのですから、「国民の象徴」の墓です。国民の要望によって、国民が歴史を確かに知りたいといえば、「国民の象徴」としてのとるべき正しい態度を考えていただきたい。

そこで、まず国民側で、そのお手本を岩戸山古墳において示してほしい。「われわれはこのように威儀正しく儀式を行なって発掘し、発掘前よりも立派にいたしました」と。そういうことを宮内庁にも示してほしい、国民全体にも示してほしい、世界の人にも示してほしい。というのは、私の知るかぎり、世界にこのような古墳はありません。お墓のそばに、立法の裁判の場を石で構築したお墓なんてきっとないでしょう。おそらく、世界でもっともユニークで、貴重な存在ではないかと思います。だからこの古墳を大事にして、だれにも文句をいわせないようにしてほしいと思うわけです。

そしてさらに提案をさせていただきたいのですが、あの「別区」に、もう一回再建してほしいのです。いわゆる裁判と政治の場を。裁判だけではありません。「衙頭とは、政所なり」と書いてあるから、立法と行政裁判。今でいうなら衆参の国会議事堂と最高裁判所と政府とを合わせたようなものです。そのミニチュアになるでしょうが、それを再現してほしいのです。

もちろん、あわててレベルの低いものを作るのではなく、たとえば、こういうアイデアでこう作ったらいいというものを募集して、毎年一等当選というのを作って、それで三年か五年くらいプランを練るわけです。練ったものを考古学者ですとか建築史家ですとか、裁判官・検事・弁護士などの司法界の人びととか、日本のあるいは世界のそういう人に見てもらう。これならいいだろうというOKを五乗も六乗もとって煮つまったというところで、石で作る。それは、五年後でも一〇年後でもいいでしょう。

もちろん石で作ったものでも、一〇〇年、二〇〇年のあいだにはもう一度こわして、もっといいものを作る必要があるかもしれません。しかし、少なくともわれわれの時代はこのようなイメージを描いて、このような物を最良と考えました、というものを作っておきたい。

これをぜひ提案したい。私ももちろんできるかぎりの協力はしたいと思っています。そうすると将来、最高裁でも裁判官の任免のときはここへ来なければいけないということになるかもしれない。相撲取りが長らく、九州の吉田家へ来なければ横綱の任免ができなかったというのと同じように。それくらい権威のある「立法の根源の地」という威儀を備えたものの復元を望みます。

4　法をどこから学んだのか

では、磐井はどこから法を学んだのでしょうか。

張政と中国の法体系

百済や新羅から学んだのかもしれませんが、まず忘れてならないのは中国です。百済や新羅も中国から学んでいるわけであり、しかも朝鮮半島には、いまのピョンヤン近辺の楽浪郡、そしてまたソウル近辺の帯方郡という中国の直轄地がありました。当然、直轄地は中国の法体系によって統治されています。

つまり朝鮮半島は、漢代からすでに、中国の法体系のなかにあったということが、この問題の基盤だと思います。

第二番目には、弥生時代の卑弥呼のところにやって来た「政《せい》・悰《そう》・満《まん》の法則(6)」の張政が重要な役割を果たしたと考えられます。これまでの私の論証が正しければ、張政は博多湾岸を中心とする「倭国の都」に来たわけです。彼はべつに観光旅行に来たわけではありませんから、自分の国のルールを帯方郡へ置き忘れるはずはありません。当然、中国の法体系に従って行動していたから、軍司令官だったのです。このころ、軍事は政治と分かちがたく結びついていましたから。その中国からやって来た生き証人、生きた実行者が、倭国に、筑紫に二〇年間滞在していたのです。これが影響を及ぼさないことがあるでしょうか。

卑弥呼の時代には、まだ新羅、百済は存在しないわけです。新羅、百済が国として形をととのえてくるのはずっとあとになってきます。最初に出てくるのは、高句麗好太王碑のときであり、百済は「百残」という形で出てきます。五世紀初めの石碑であり、それ以前は新羅や百済という存在はありません。三国史記、三国志にはありますが、それはのちになってそういうスタイルで書いただけです。その新羅、百済が東アジアの国際社会に登場する以前に、張政は二〇年間も倭国に滞在しているわけです。倭国が法体系というものの強い影響を受けたのは、少なくともその二〇年間でしょう。

そう考えると、いよいよ筑紫に、中国に並ぶ立法が作られるということの話に、ぴったりと歴史の脈絡がついてきたといえます。

階級社会のなかのルール

それからもう一つ、忘れてはならないことがあります。法的な意識というものは外国から学んではじめて気がついたというものではないと思います。つまり、縄文社会にも縄文のルールがあるということです。縄文というとみんな朝から食っては寝、食っては寝していたというイメージがあると思います。これは、昔のイメージです。

現在では、そういう縄文のイメージはすっかりこわれています。縄文に階級対立がないという考え方は昔話です。となると階級支配があるということは、法なしには成り立たないわけです。なんとなく階級ができて、なんとなく階級にしたがって動くということはありえません。やはりそこにはルールがあり、法があったと考えざるをえないでしょう。

そういう意味で、法の研究を本気でやろうとするならば、その土地における法の伝統というものに対して、それを求める努力が基本であると思います。時間がかかることですけど、まずその基本の上に立つことです。そこに中国などから大きな影響があったら、それを加えて考えていく。そして、新羅と百済はもともと中国の直轄地だったわけですから、当然中国から法に関する概念を大きく得ているわけです。それがさらに倭国に影響することも考えられるでしょう。そういういろんな段階の影響を考えあわせていくべきでしょう。

注

（1）本章は、今年（一九九三）五月二三日、八女市で行なわれた講演「輝く立法の王者」（「磐井の劇をする会」主催）を、まとめたもの。
（2）巻末資料参照。
（3）「（神功五十二年）久氐《くてい》等、千熊長彦に従ひて詣《まうけ》り。則ち七枝刀一口・七子鏡一面、及び種種の重宝を献る」（日本書紀神功紀）
（4）八世紀以後。江戸時代などの近世にも、破壊の行なわれた形跡（伝承）がある。
（5）「あとがきにかえて」参照。
（6）『すべての日本国民に捧ぐ』『「邪馬台国」徹底論争』（全三巻）。ともに新泉社刊。

第6の鍵 「十七条の憲法」を作ったのはだれか(1)

1 「十七条の憲法」と聖徳太子

近畿天皇家が自らのことを大王と呼んでいたことはよく知られています。天皇というのは、本格的には、八世紀以後使い出されたもので、それまでは、七世紀前半にも天皇といういい方は多少出ますが、基本は大王でした。ただし、大王天皇といういい方もされています。

「多利思北孤」はだれか

ところが、隋書俀《たい》国伝では「日出処天子」とあります。ここに、明治以後の教科書の「大うそ中の大うそ」があるのです。これを推古天皇や聖徳太子に当てるというやり方です。しかし、隋書俀《たい》国伝には「多利思北孤《たりしほこ》」と書いてあります。聖徳太子には「多利思北孤」なんて名前はないし、推古天皇は女ですから、妻や後宮の女たちがいるという「多利思北孤」と同じであるはずがありません。蘇我氏にしてもだめです。「そこには阿蘇山がある」と書いてあるからです。阿蘇山のあるところに「多利思北孤」がいたと書いてあるのです。大和に阿蘇山があるでしょうか。蘇我氏は阿蘇山のそばにいたでしょうか。

今も噴煙をふきあげている阿蘇山

これはやはり旧唐書のいうように、「倭国の中心は筑紫であった」ということです。中国から見ればこれは「都督」だったのでしょう。「都督」のいるところは「都督府」といいます。日本列島のなかで、「都督府」と呼ばれているところはどこか。「筑紫都督府」しかないのです。大和都督府や近江都督府なんて聞いたことがありません[2]。

そして中国が「都督府」といっているのは、倭王のいるところなのです。

「天子」と君臣の関係

「十七条の憲法」の特徴として二つの重要な点があります。ひとつは「篤く三宝を敬へ」という仏教崇拝の思想で、もうひとつは君臣の関係を述べたものです。

> 詔を承りては必ず謹め、君をば天とす。臣をば地とす。天は覆ひ地は載す。四時順ひ行ひて、萬気通ふこと得。地、天を覆はむとするときは、壊るることを致さむ。

つまり君はひとり、臣はひとつ。この関係をこわしてはいけないという君臣の秩序を強調するもので、「十七条の憲法」における重要な思想です。

そして「政・悰・満の法則」[3]を思い出してください。七世紀末までは筑紫に倭国の中心がおいてありました。七世紀後半紫宸殿があったのが筑紫で、柿本人麿が朝廷のある場所といっていたのも筑紫です[4]。日出処天子というのは筑紫の天子です。

それに対して近畿天皇家のほうは大王です。その点については七世紀前半の史料と思われる法隆寺の「薬師仏造像記」をみると、はっきりわかります。ここでは用明天皇のことを「天皇」、推古天皇を二回にわたって「大王天皇」といっています。中国の『資治通鑑《しじつがん》』という史料をみると唐代のところで第三代の天子の高宗は高宗天皇と表現されています。天皇というのは「殿下」などのような敬称なのです。その上にくるものが問題なので、高宗天皇といえば天子に対する敬称であり、大王天皇といえば大王に対する敬称となるのです。つまり「大王は天子ではない」のです。しかし七世紀前半に多利思北孤は天子を称していました。

ここで問題となるのが、君臣の関係です。君臣という言葉は諸豪族の場合でも使えないことはありませんが、本来は天子とその家来に使うのがもっとも適切であると思われます。「天地」にたとえる場合は、もう少しはっきりします。天地はひとつですから天地が絶対であるように、君臣は絶対であり唯一であるというのが、天地という言葉とともに使うときの根底となる思想です。

君臣だけだったら、中国でいうと魯とか斉とかいうところの国でもいえるわけです。洛陽の天子だけに限られません。しかし魯や斉の君だったら、「君は天と同じ、臣は地に同じ」という絶対化はできない。ところがあの「十七条の憲法」は絶対化している。ということは「十七条の憲

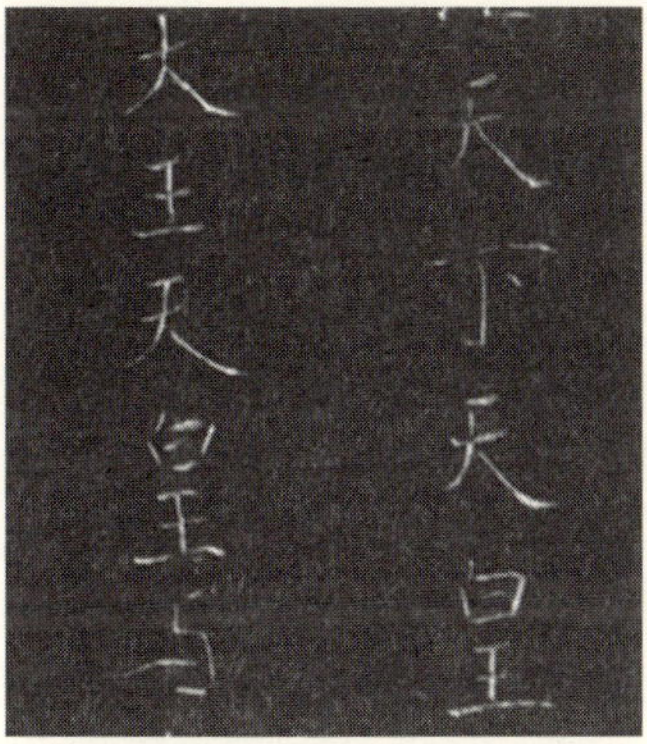

法隆寺薬師如来坐像の光背銘文に刻まれた「天皇」「大王天皇」の文字

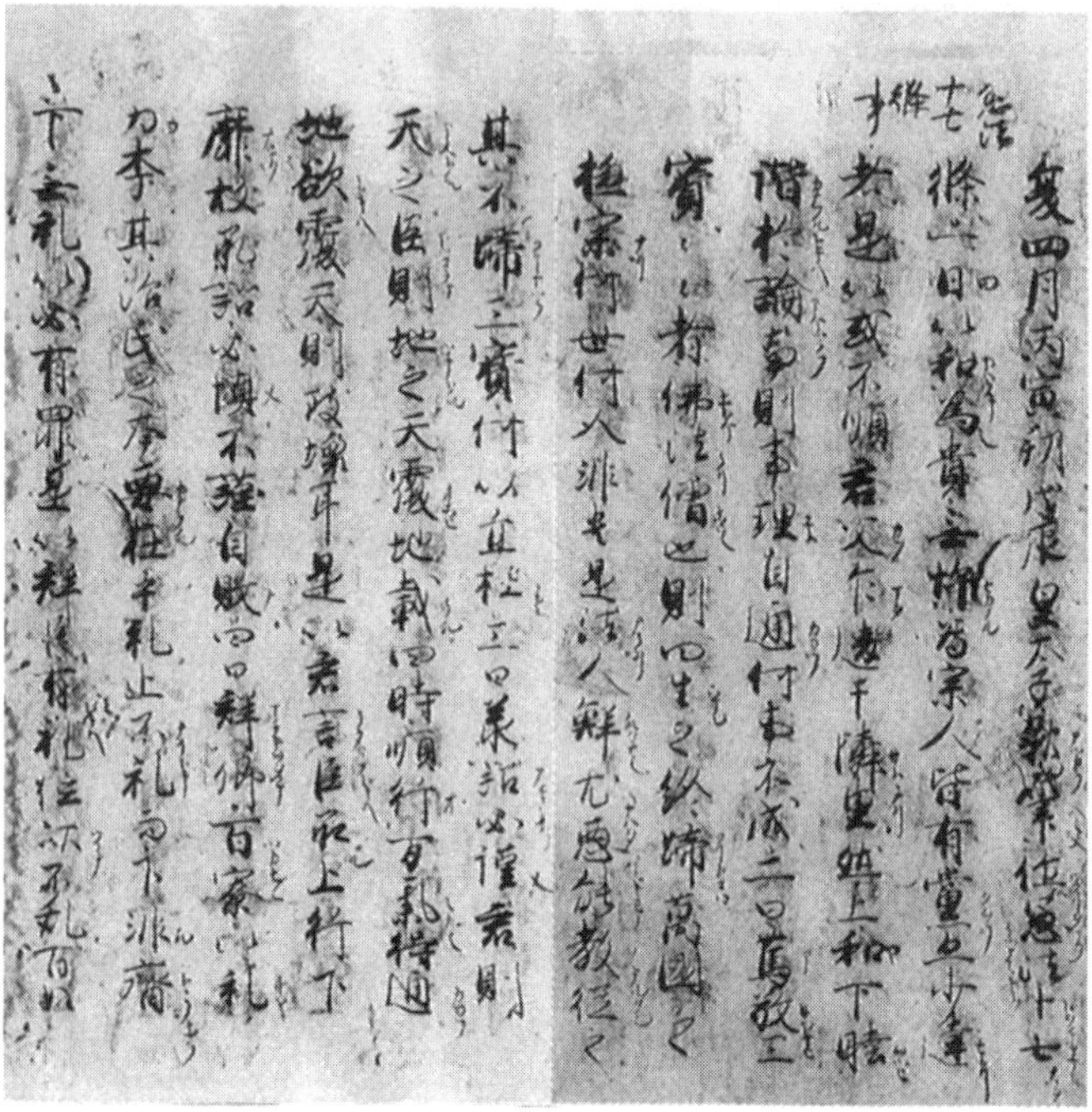

「十七条の憲法」の冒頭部分

法」にとっての「君」は天子であるということになります。大王ではだめなのです。大王が「天と同じ」なんてことはいえません。そうするとあの「十七条の憲法」は残念ながら聖徳太子のものではないということになります。日本書紀の記事は、九州王朝で作られたものを転用、あるいは「盗用」したものであったということになります。

七世紀前半、九州王朝で天子を称しはじめた段階で、「十七条の憲法」を作ったわけです。だから「十七条の憲法」は、どうしても近畿天王家が作ったものではありえないのです。

となると、「十七条の憲法」は聖徳太子とは無関係ということになってきます。ただ「十七条の憲法」は日本書紀にしか出ていないので、結論を出すには勇気が必要でした。

近畿天皇家の「禁書」

しかし「政・悰・満の法則」を、先に述べたような理由から、事実と見ますと、それはあとで述べるように、続日本紀によって保証され、さらにこれもあとで述べますように、柿本人麿とも一致しているのですから、結局、七世紀末までの「倭国」は筑紫が中心です。とすれば、天子によって発布された「君臣の法」である「十七条の憲法」はけっして聖徳太子のものではありえないのです。

つまり「十七条の憲法」は天子を称していた九州王朝で出された。それを日本書紀を作るときに聖徳太子の項にはめこんだと考えられるのです。そしてそれがどこからきたかというと、「禁書」にあったのだと思われます。日本書紀は元明・元正年間、「禁書」が手に入ってからできました、「禁書」とは九州王朝側の史料なのです。

この点、簡明に述べてみます。続日本紀の元明天皇の項に、「禁書」の記事が出てきます。関連の三項をあげてみましょう。

㈠〈慶雲四年〔七〇七〕七月〉山沢に亡命して軍器を挾蔵し、百日まで首せずんば、罪に復すること

初の如くす。〈元明天皇〉

㈡（和銅元年〈七〇八〉正月）「軍器」が「禁書」に。（他は同文）　〈元明天皇〉

㈢（養老元年〈七一七〉十一月）「軍器」が「兵器」に。（他は同文）　〈元正天皇〉

右の㈠、㈡によると、正規軍が戦闘のときに使う、兵器・旗・太鼓などいっさいのものを指す「軍器」や、「禁書」を持って山沢に「亡命」したという。「亡命」とは、権力者（近畿天皇家）の行政命令を拒否していること、所在は国内・外を問いません。たいへんな事態です。

日本書紀の天武・持統紀から見ると、考えられない事態です。しかし旧唐書から見ると、八世紀のはじめ、「日本国」（近畿天皇家）が本家にあたる「倭国」（九州王朝）を併呑した、というのですから、「倭国の正規軍」のなかに山沢に「亡命」するグループが出ても当然。出なければむしろ不可解なのです。

これに対し、ことが終息したことを示すのが、㈢。残党刈りです。つまり「禁書」は近畿天皇家側の「手に入った」のです。そこで「日本書紀」が作られ、これと矛盾する古事記が「捨て」られたのです。ずっと後、名古屋の真福寺から古事記が出現したのは偶然。否、歴史の女神の「いたずら」です。

ようするに、九州王朝の正統の史書が「禁書」とされ、そこから多くを「盗んで」成立したのが、日本書紀です。たとえば神代巻にある国名中、抜群の数を示すもの、それが「筑紫」であることが、何よりこれを証明しています。正規の書名は削られ、すべて「一書」とされているのを見ても、わかるでしょう。「一書」などという書名の本は、ありえないのですから。(5)

2　九州王朝に任命された官職

これと同じような問題がほかにもあります。

万葉集に「柿本朝臣人麿」とありますが、「朝臣」とは朝廷の臣下という意味です。「朝臣」を任命するのは朝廷です。人麿はどこの朝廷から「朝臣」に任命されたのでしょうか。少し古代史にくわしい方なら、日本書紀の天武一三年の項に八色《やくさ》の姓《かばね》[6]というのがあるので、その二番目が朝臣であると思われるでしょう。人麿に関していえばそれでよさそうにみえるのですが、よくないことがあります。万葉集のなかで最初に出てくる「朝臣」は藤原朝臣鎌足のことです[7]。鎌足は天智八年に死んでいます。八色の姓が出る一五年前なのに、どうして「朝臣」に任命されるのでしょう。これには致命的な無理があります。

「朝臣」の任命

二番目に「朝臣」として出てくるのが人麿です。人麿「朝臣」問題は、人麿だけを抜き出して議論できる問題ではありません。万葉集のなかに出てくる「朝臣」のひとつとして考えなければなりません。すでに述べたように、人麿「朝臣」の直前に出てくる「朝臣」は鎌足です。史料性格上、その一連の「朝臣」として理解せざるをえません。そうすると「天武一三年」の「八色の姓」とは結びつくことはありえないのです。大和朝廷一元主義の場合は、そこから発展がありません。それだから従来の万葉学者は真剣に問題にしようとしないのです。「みんなで逃げれば、こわくない」といった感じですね。

「真人」に任命された天武

けれども私の立場はそうではありません。それは九州王朝の任命した「朝臣」であると思います。「朝臣」だけ任命したということはないでしょう。

辛巳年八月九月作□□□□
辛
留保分七段
書屋一段
尻官三段　御支冏三段
福費二段

釈迦三尊像の台座から発見された文字。「尻官三段」の文字がみられる。

これは、結局、「八色の姓」というような制度は大王家が発布するものか、それとも天子が発布するものか、という問題になってきます。しかも第一位が「真人《まひと》」です。なぜ鎌足が「真人」といわれないのでしょうか、それより何より、肝心の天武天皇の名が「真人」なのです[8]。「真人」が「真人」を任命するとはちょっと喜劇ではないでしょうか。では、どうか。答えは一つ。天武自身が「真人」に任命されたのです。

七世紀後半に評制、評督が全国にあって、都督府が筑紫なのですから、そのような「評」制下において、官職名だけ大和側が「八色の姓」を発布するというのは、はっきりいっておかしいのではないでしょうか。

ひるがえって「八色の姓」も、原点を筑紫と考えるほうが話はよくわかります。そしてそのときの天武は「真人」に任命されたということになります。こう考えると話はとてもスッキリしてくるのです。

「ひめ」の呼称

もうひとつおもしろい話があります。持統天皇は「ひめ」だったという問題です。続日本紀の文武四年のところに「薩摩のひめ」[9]という表現があります。

このことについて、思いついたことがあります。「ひめ」は官職名ではないかということです。この官職に任命されたのは女性でしょう。つまり、持統もまた「ひめ」に任命されていたのです[10]。

このように、いろいろな問題が次々と出てきてきりがありません。ともかく従来の日本書紀中心のイデオロギー史観はやめにして、新しく人間の理性で理解できる立場で歴史を見直していきたいと思います。そして筋の通った、一貫した理解を、あらためて詳しくたどってみたいと思います。

最後に、「釈迦三尊」の問題についても、大きな進展がありましたので少し触れておきましょう。

「尻官三段」

釈迦三尊の台座から発見された文字のなかに、「尻官三段」とあります。これは新聞の解説だと聖徳太子の私的な役所だろうと書かれていました。これには言葉の矛盾があります。「官」というのは、本来「公的なもの」です。まして大和の聖徳太子の役所ともなれば、「私的な役所」というのは、変なものです。結局、「尻官」という言葉が日本書紀や続日本紀に出てこないので、「私的な官」であるという推測によるものです。かつて「法隆寺釈迦三尊の史料批判」(11)（一九八四）などで述べてきましたが、「光背銘文」にある止利仏師をこれまでは「とり仏師」と読んでいました。法師などの場合は上に個人名がくるのですが、技術者の場合は身分が低いため、個人名は上につかず下にくるのです。したがって「とり」を個人名とみることはできません。山背画師などの例からみると、地名、官所名と考えるべきで、読みは「しり」あるいは「とまり」であると私は指摘しました。

このように述べたことに対して、例によって例のごとく、だれからもどの学者からも、賛成も反対も出なかったのですが、この台座から果然、「尻官」という文字が出てきました。やはり「しり仏師」だったのです。台座の文字の出現によって、私の単独の説が証明されたことになったのです。

注

（1）本章は、第3章と同じく、今年（一九九三）三月の東京での講演の一部を、まとめたもの（九八ページ注

（1）参照）。
（2）「（天智六年十一月）百済の鎮将劉仁願、熊津《ゆうしん》都督府熊山《ゆうせん》県令上柱国司馬法聰等を遣《まだ》して、大山下境部連石積《いはつみ》等を筑紫都督府に送る」（日本書紀 天智紀）
（3）「『太宰府址』（都府楼址）又此辺の田畠の字を内裏跡、紫宸殿などといふといへり、其は安徳天皇しばらく此所に鳳駕をとゞめ給ひしによりての名なりとぞ（此に内裡跡云々とあるは虚誕のみ）」（吉田東伍『大日本地名辞書』筑前、筑紫郡）
（4）一五七ページ参照。
（5）『失われた九州王朝』の最終補章「九州王朝の検証」（増補）参照。
（6）「（天武十三年冬十月）詔して曰はく、『更《また》諸氏《うぢ》の族姓《かばね》を改めて、八色《やくさ》の姓《かばね》を作りて、天下の万姓を混《まろか》ず。一に曰く、真人《まひと》。二に曰く、朝臣《あそみ》。三に曰く、宿禰《すくね》。四に曰く、忌寸《いみき》。五に曰く、道師《みちのし》。六に曰く、臣《おみ》。七に曰く、連《むらじ》。八に曰く、稲置《いなき》』」（日本書紀 天智紀）
（7）「（天智）天皇、内大臣藤原朝臣に詔して、（中略）額田王、歌を以て判ずる歌」（万葉集 巻一）
（8）「天渟《あまのぬ》中原瀛《なはらおきの》真人《まひと》〈天武天皇〉」（日本書紀 天武紀）
（9）「（文武四年六月）薩末比賣、久賣波豆」（続日本紀 巻一）
（10）「高天原広野姫〈持統天皇〉」（日本書紀 持統紀）。ほかにも「天豊財重日足姫〈皇極・斉明天皇〉」がある。
（11）『古代は沈黙せず』（駸々堂出版、一九八八年／ミネルヴァ書房、二〇一二年）所収。

第7の鍵　もうひとつの万葉集[1]

1　万葉集への数々の疑問

防人の歌

万葉集の問題をとりあげたいと思いますが、みなさんは、万葉集のことならよく知ってるよ、といわれるでしょう。ところがあの万葉集というのがたいへん矛盾に満ちた不思議な歌集だということは、ご存じでしょうか。

たとえば白村江《はくすきのえ》で死んだ人の歌や、遺族や恋人が悲しんで作った歌が、まったく出てきません。白村江というのは六六二年か六六三年、天智天皇のころですから、当然万葉集の時間的範囲内です。これは不思議としかいいようがありません。

もう一つ不思議なことがあります。それは防人の歌です。万葉集には防人の歌がかなり収められています[2]が、その年代が問題です。なんと、そこに収められている歌は八世紀の年代のものだけ、もう少し正確にいえば、年代がわかっているのは八世紀の歌だけなのです。となると、七世紀には防人はいなかったのか、という疑問が出てきます。白村江の戦いをやるのに防人がいないということは考えられません。ところが、それがないのです。
では七世紀の防人はいるにはいたが、彼らはいわば歌を忘れたカナリヤ、歌を歌わない連中ばかりで、八世紀になったら歌を歌える防人を募集したのか。そんなことが、考えられるでしょうか。私には不可能です。
しかし事実はそうなのです。

九州と瀬戸内の歌

もっと不思議なことがあります。万葉集には、九州と瀬戸内海の人たちが作った歌がないのです。九州や瀬戸内の地で作られた歌はありますが、それは近畿や東国の人、関東の人が作った歌で、つまり旅先の九州、旅先の瀬戸内で作った歌なのです。九州の人、瀬戸内の人が作った歌、つまり筑紫の○○、吉備の△△といった形で作者の明記のある歌はひとつもありません。

では、七世紀の防人の場合と同様に、九州や瀬戸内海には歌の嫌いな人ばかりがいたのでしょうか。九州の方々は、まさかそんなことは信じられないでしょう。ところが万葉集の事実はそうなのです。この点は、すでに追手門学院大学の中小路駿逸さんという、京都大学の国文学科を出られた専門の方が指摘されていました。すばらしい指摘です。しかしみなさんが読まれた万葉集の解説には、こんなことは書いていなかったはずです。「万葉集は非常におかしい、九州の人や瀬戸内海の人が作った歌がありません」とは。

私は前に、高校で国語の教師をしていましたから、万葉集を教えたことがあります。しかし教師が使用する説明書にも、天皇から一般庶民に至るまで広い地域にわたって書かれている、とありました。すべて真実だと思って教えていました。それがあやまりだったのです。

雑歌

さらに疑問がもうひとつ。

万葉集の先頭に、雄略天皇の歌がありますが、その前に「雑歌」と書いてあります。『日本古典文学大系　万葉集』（岩波書店）には、「中国の用例である」と注がつけてあります。(3) 中国の用例を調べてみましたら、とても驚きました。「雑歌」というのは、「その他大勢の歌」なのです。当たり前でしょう。中国の『文選』にも「雑歌」が出てきますが、まさにそういう用例です。『文選』は六世紀はじめに書かれた有名な書物ですが、それによると、最初が「賦」で甲、乙、丙……と順に並び、次に「詩」で甲、乙、丙……、そして終わりのほうに「雑歌」が出てきます。『大漢和辞典』（諸橋轍次著、大修館書店）には「雑歌」という項目はなく、「雑詩」があり、「その他大勢の詩」とあります。つまり「雑」はいまでいう「雑多」という意と同様で、「雑歌」も「雑詩」も終わりのほうに出てくるものなのです。

それが、万葉集はその「その他大勢」である「雑歌」から始まっている。これはいったいどういうことなのか。あまりはっきり矛盾がある場合には、だれも気がつかないようです。灯台もと暗し、ですからね。『万葉集』の注釈を見ると、「中国の詩の分類にならったもの」などとなっていますが、実際はその名称だけをとり、使用法から目をそらせているといえます。

これらの疑問を解くキーワードがあります。

「古集中に出づ」

万葉集第七巻に、「古集中に出づ」(4)という言葉が出てきます。これにあたる歌を調べてみると、なんと筑紫の人が作った歌でした。「古集中に」ということは、「古集」万葉集があったということです。いまわれわれが目にしているのは、「新集」万葉集であるということです。だから万葉集の研究書で、「古集」についてくわしく論じられていないのは、私のように歴史学をやっている人間にとってはまったく理解できません。客観的にいって、「古集」の万葉集があり、それをもとにして

「新集」が編纂されたと理解するのが当然です。

結論をいえば、「倭国」万葉集は存在した。「倭国」万葉集は、七世紀末以前の歌集であった。それには当然のことながら、九州の人が作った歌、そして瀬戸内の人の作った歌があった。七世紀の防人の歌があった。白村江の敗戦のいたましい歌の数々があった。

その「雑歌」の部類に入っていたのが、雄略天皇以下、大和の権力者の歌であった。その雑歌を中心にして巻一、巻二が作られた。あと巻三以後は八世紀以後、つけたされたものが大部分。そして、それが「日本国」万葉集となったのです。

つまり、それ以前の本編を削除して、「雑歌」の大和編を万葉集の先頭にして、そのあとに八世紀以降をつづけてしまったということです。

これまでの万葉集研究の学者の解説にはこのようなことは書かれていません。従来の万葉集研究の明らかな欠落といわざるをえません。「雑歌」という表記を、的確に説明できない解説しかしていなかったはずです。江戸時代の「皇国史観」に立つ、国学という伝統の上に立つ万葉学であったからではないかと思います。

武彦少言⒀

私は少年時代から、万葉集が好きだった。斉藤茂吉の『万葉秀歌』をもち歩いた。そこに登場する人物に恋した。あこがれた。情緒生活の大きな源泉となったことであろう。

だが、そのころ万葉集が、これほど多くの「歴史の秘密」を語る、キイの数々をふくんでいるとは、まったく思いもしなかった。その意味でも、まさに「「玉の歌集」なのである。今年（一九九三）の秋、書き終えた『人麿の運命』（原書房、一九九四年／ミネルヴァ書房、二〇一二年）には、書きはじめるときには、予想もしなかった、新しいテーマが最後にふくまれることとなった。めずらしい体験だった。

2 「倭国」万葉集に収められた歌

「古集」にはおそらく五〇首から一五〇首くらいの歌が収められていたと考えられます(5)。そして問題はどのような人が作った歌かということです。

筑紫の歌

ちはやぶる　金の岬を過ぎぬとも　われは忘れじ　志賀の皇神《すめかみ》

これは、〝外国へ行っても「志賀の皇神」は私の魂であるからけっして忘れないでしょう〟という意で、志賀は博多湾岸にあり、博多湾岸の人が作った歌ということになります。

同じく、

少女らが　放《はなり》の髪を木綿《ゆふ》の山　雲なたなびき　家のあた

博多湾に浮かぶ志賀島

り見む

別府に由布岳という山があり、そこに雲がたなびいているので、自分の故郷である筑紫が見えないという意です。先ほどのものと一連の歌と考えると、おそらく別府で作った歌なのでしょう。

それを裏づけるものに、

志賀の白水郎《あま》の　釣り船の綱堪へなくに　情《こころ》に思《も》ひて　出でて来にけり

という歌があります。

釣り船の綱がつながらないように、私は愛する人のことを自分の心のなかだけで思って（話をすることもできずに）、自分の家を出てきてしまったという意で、やはり志賀あたりの、博多湾岸に家のある人の歌です。

このように、これらの歌をのせた「古集・万葉集」は「筑紫万葉集」とよぶべきものであることがわかってきました。

人麿の歌

さらに柿本人麿の歌に、

大王之遠乃朝庭跡嶋門乎見者神代之所念(6)（原文）

「嶋門」とは、博多湾岸の志賀島と能古島のあいだを北から南の博多湾へ入っていったところ、これはそこを「島門」と表現して詠《よ》んだ歌であろうと思われます。

問題は「大王之遠乃朝庭」です。「大王」は近畿の持統天皇のことです。中国の常識では「大王」のいるところは「朝庭」とはいいません。そのときの天子がいるところだけを「朝庭」といいます。とすると筑紫を「朝庭」と呼んでいるのは、人麿は「そこに天子がいる」という根本の認識に立っていた、ということになります。

実際には、太宰府に紫宸殿跡という字地名があります。紫宸殿ということばは唐代にできたもので、そうすると七世紀後半に紫宸殿――天子のいるところ――と呼ばれていたことになります(7)。

人麿の歌という「同時代史料」は旧唐書と一致し、日本書紀とは一致していない、という重要な問題がでてきます。

「神分」論

それをさらに裏づけたのは「神分」論です。

天地の　初《はじめ》の時　ひさかたの　天の河原に　八百万《やほよろず》　千万《ちよろず》神の　神集《かむつど》ひ　集ひ座して　神分《はか》り
分《はか》りし時に　天照らす　日女《ひるめ》の尊　天をば　知らしめすと　葦原の　瑞穂の国を　天地の　寄り合ひ
の極《きはみ》　知らしめす　神の命《みこと》と　天雲の　八重《やへ》かき別きて神下《くだ》し　座《いま》せまつりし（一六七）

天武の子日並知皇子尊（草壁皇子）(8)が亡くなったときの歌です。「長い時がたって天の河原にたくさんの神が集まった」。そして「神分り　分りし時に」ですが、『日本古典文学大系　万葉集』（岩波書店）の注によると「分」は長さの単位を表すからハカルと訓む、となっています。しかし、これはワカツだと思います。「別」の意です。「カムワカチ、ワカチシトキ」と読むべきであって、ここで「神分」が行なわれたという意味です。「神下し座《いま》せまつりし」とは「天孫降臨」をいっているのですから、筑紫に最初の、第一次「神分」が行なわれたことになります。

つづいて、

高照らす　日の皇子《みこ》は　飛鳥《とぶとり》の　浄《きよみ》の宮に　神《かむ》ながら　太敷きまして　天皇《すめろき》の　敷きます国と　天の原　石門《いはと》を開き　神あがり　あがり座しぬ　わが王《きみ》　皇子《みこ》の命《みこと》の　天の下　知らしめしせば　春花の……

という歌があり、このあとは大和の話になっています。

筑紫から「神分」が行なわれたという考えにたっていて、第一次「神分」は筑紫、第二次は大和となるのです。しかも大和は地上の「筑紫の分派」ですから、筑紫が「朝廷」で、大和は「大王」となるのです。したがってこの歌は、先ほどの人麿の歌の用法と同じ構造をもっているといえるのです(9)。

前にも述べたように、七世紀後半の人麿の歌は日本書紀には一致していませんが、旧唐書には一致しています。七世紀末までは九州の「倭国」が中心であり、八世紀からは「日本国」が中心になりました。人麿は「倭国」時代の大歌人ですから、当然ながら旧唐書にしたがって歌が作られているのです。

注

（1）本章は、第3章と同じく、今年（一九九三）三月の東京での講演の一部を、まとめたもの（九八ページ注（1）参照）。

（2）　巻二十には、天平勝宝七年（七五五）二月に筑紫に遣わされた防人等の歌が八四首。その昔の防人の歌は九首。
（3）　『雑歌』——「ゾウカと読む。相聞・挽歌と共に万葉集の三大部類の一。行幸・遊宴・旅行その他さまざまの場合の歌を収める。中国の詩の分類名を取り入れたもの」（日本古典文学大系『万葉集一』八ページ注一）
（4）　「右の件の歌は、古集中に出づ」（日本古典文学大系『万葉集二』二三三ページ）
（5）　上限を「一一九六」「一一八八」「一一六二」「一〇六六」等におく考えがありうる（下限は「一二四六」）。〈歌番号は、日本古典文学大系『万葉集』による〉
（6）　「大王の　遠の朝庭《みかど》と　あり通ふ島門《しまと》を見れば　神代し念《おも》ほゆ」（万葉集　巻三）
（7）　前出。一五〇ページ注（3）。
（8）　「続日本紀に日並知皇子（尊）とある。（中略）天武・持統両帝の間に生れ、壬申の乱に従軍、天武十年皇太子、持統三年（六八九）四月十三日没。天平宝字二年岡宮御宇天皇と追尊」（日本古典文学大系『万葉集　一』三四ページ注49）
（9）　巻末資料参照。

あとがきにかえて

一一月三日、いよいよ実験が行なわれた。足摺岬付近の、陸上と海上の古代実験である。

唐人石に銀紙を貼った。否、貼ったのは、私ではない。土佐清水市役所の富田無事生さん、「波多の国研究会」の平石知良さんのお二人。孤軍奮闘、獅子奮迅の活躍ぶりを示してくださったのである。私ははらはらしながら見ていただけだった。

銀紙は、映画のとき使う「レフ」。もっとも、通常は「散光」のほうを使うのだけれど、今回は「集光」のほうを、おもに使った。（旧制広島高校の延岡先輩〈広島市在住〉を通して東映の岡田社長をご紹介いただき、社内の方にご教示を賜った）

当日、午前五時、足摺パシフィックホテル前に集合、私は舟に、他の人びとは唐人駄場、プールサイドと、それぞれの配置についた。

舟は、第二回は、午前九時。第三回は、午後四時四〇分。三回、舟から観察した。

光量測定の器具は、一方が唐人駄場、他方がプールサイド（午前）と臼碆《うすばえ》展望台（午後）に設置された。それぞれ普喜《ふき》助教授（高知大学）と谷本茂さん（Y・H・P）が担当してくださった。

午前中は、曇りがち。太陽の姿がほとんど見えなかった。そして午後、輝く太陽の姿を、私は臼碆の展望台から見た。唐人石と大岩の銀紙の輝いていたこと。

この「銀紙使用」のアイデアの提供者、稲村健さん(『This is 読売』写真部)は、ヘリコプターで小倉から飛来し、祝福してくださった。

一〇月二五日の予備実験に来てくださった、坂木さん(リコー中央研究所)、普喜さんのデータも、バッチリ収録されている。当日は、まばゆいばかりの晴天だった(銀紙と磨いた石との比較の、光量測定データを基礎とした)。

数々の未知の成果をもった中間報告書は、やがて大きな後ろ楯となってくださった土佐清水市に提出されよう。

多くの方々のお力の上に、私はただ〝乗って〟いただけのようであった。関係のすべての方々に、手をあわせて感謝したい。

(一一月二日、午後二時、唐人駄場で行なわれた「開始の儀式」のさい私が朗読して奉呈させていただいた〝祈りの言葉〟を末尾にかかげさせていただく)

一一月四日朝、記。

(一一月四日、午前、すべての片づけが終わり、唐人駄場で「終結の儀式」を行なった。富田さん、片づけに参加してくださった土佐清水市の方々、谷孝二郎さんと私だった。

富田さんが「礼」と声をあげ、「終わりました。どうもありがとうございました」と大音声で唐人石のほうに向かって叫ばれた。ふたたび、「礼」――それで、ジ・エンド。実験は無事に終了したのである)

一一月四日午前一一時四五分、記了。

武彦少言⑭

もう一度やってみたい海上実験がある。それは、室戸汽船の甲板上から唐人石の「光量測定」をすることだ。

測定の器具（CCD）を二隻の舟（漁船）にもちこみ、海上の二点から観測する予定だった。リコーの坂木さんのアイデアによる。陸上は、唐人駄場から。

だが、一〇月二五日の予備実験。坂木さんと親友の普喜さんと私、そしてもちろん富田さんが一隻の舟に乗り込んだ。大切な器具類（リコーからお借りした本体と、付属器具）をかかえこんで、船倉に「安置」した。

だが、失敗だった。すばらしい晴天だったけれど、太平洋の波は高い。焦点が定まらないのである。「これはだめですね」。坂木さんの判断で、一一月三日には、「船上の光量測定」はやめ、陸上の二点（唐人駄場。足摺パシフィックホテルのプールサイド〈午前〉臼碆《うすばえ》展望台〈午後〉）にしぼったのである。

失敗だったけれど、これが「予備実験」の成果、その意味では、成功だった。坂木さんから「予備実験をやらなければいけませんよ」といわれたとき、内心「そこまで」と思ったのだったけれど、やはり正解だった。やらねばならぬ仕事だった。自然科学のすぐれた実験者に脱帽する。

ところが、この室戸汽船。東神戸（JR芦屋駅下車）から甲浦《かんのうら》を経て土佐清水市にいたる。一日一回、堂々たる外洋船だ（「むろと」）。

この安定した船上に「光量測定」の器具を設置し、唐人石など、一〇〇以上もあるといわれる鏡岩を測定する。もちろん、岩面が磨かれ、黒潮とのあいだをさえぎる樹木の上部をとりのぞかねばなら

ぬ。思うだに、目のくらむような壮観だ。夢である。

現在でも、明け方の九時ごろ、土佐清水港に入る四〇分くらい前、唐人石はそのすばらしい全貌を露出し、「むろと」の船上から望見できる。もちろん、望遠鏡をたずさえていてほしい。かなり、岸からはなれたところを、外洋汽船「むろと」は航行しているのだから。もっとも、「遠視」のきいた縄文人、ことに海上の「遠視」には抜群の能力を持っていたという、古代海洋民にとっては、現代の「望遠鏡」など、不要だったろうけれど。

私たちは「活字疲れ」した目の現代人だから、室戸汽船の小松部長、秋篠事務長から三台の大形望遠鏡をお借りし、今回の陸上と海上実験にじっくりと使わせていただいた。深く感謝したい。


この天と大地と大海を悠久な神々の聖地として来られた、古代の方々、あるいはこの地に安らかに眠っておられる古代の方々、あなた方の地に私たちは参っております。

それは、ひとえに古代の歴史と古代の真実を明らかにするためです。なにとぞしばらくこの天と大地と大海の静けさのそこなわれることをお許しくださいますよう、伏してお願いいたします。

それはただ学問のためだけではありません。この神聖の地に現代の人びとの目が今までよりずっと深く注がれるため、そしてこの地の伝統を守り、永く保持するためです。この地のありのままの姿をさらに深く輝かしくすることを求めております。

なにとぞ幾十万年来のあなた方のしばらくのご寛恕とご加護をここに祈ります。

平成五年一一月二日

古田武彦

〔巻末資料〕① 祝詞

大嘗《おほにへ》の祭

「集侍《うごな》はれる神主《かむぬし》・祝部《はふり》等、諸《もろもろ》聞《きこ》しめせ」と宣《の》る。

「高天の原に神留《かむづま》ります、皇睦《すめむつ》神ろき・神ろみの命もちて、天つ社《やしろ》・国つ社と敷きませる、皇神《すめがみ》等の前に白さく、今年十一月の中の卯の日に、天つ御食《みけ》の長御食の遠御食と、皇御孫《すめみま》の命の大嘗《おほにへ》聞しめさむための故に、皇神等あひうづのひまつりて、堅磐《かきは》に常磐《ときは》に斎《いは》ひまつり、茂《いか》し御世に幸《さき》はへまつらむによりてし、千秋《ちあき》の五百秋《いほあき》に平らけく安らけく聞しめして、豊の明りに明りまさむ皇御孫の命のうづの幣帛《みさぐら》を、明るたへ・照るたへ・和《にぎ》たへ・荒たへに備へまつりて、朝日の豊栄《とよさか》登りに稱辞《たたへごと》意《を》へまつらくを、諸聞しめせ」と宣る。

「事別《わ》きて、忌部《いみべ》の弱肩に太襁《ふとだすき》取り挂《か》けて、持ち斎《ゆま》はり仕へまつれる幣帛を、神主・祝部等請けたまはりて、事落ちず捧げ持ちて奉れ」と宣る。

出雲の国の造《みやつこ》の神賀詞《かむよごと》

八十日日《やそかび》はあれども、今日の生日《いくか》の足日《たるひ》に、出雲の国の国の造《みやつこ》姓名《なにがし》、恐《かしこ》み恐みも申したまはく、「挂《か》けまくも恐き明《あき》つ御神《みかみ》と、大八島《おおやしま》国知ろしめす天皇命《すめらみこと》の大御世を、手長《たなが》の大御世と斎《いほ》ふとして、出雲の国の青垣山の内に、下つ石《いは》ねに宮柱太知り立て、高天の原に千木《ちぎ》高知ります、いざなきの日まな子、かぶろき熊野の大神、くしみけのの命、国作りましし大なもちの命二柱の神を始めて、百八十六社《やしろ》に坐《ま》す皇神《すめがみ》等を、某甲《それがし》が弱肩に太襷《ふとだすき》取り挂《か》けて、いつ幣《ぬさ》の緒結び、天《あめ》のみかび冠《かぶ》りて、いづの眞屋《まや》に麁《あら》草《くさ》をいづの席《むしろ》と苅り敷きて、いつへ黒益《くろま》し、天《あめ》の瓱《みか》わに斎《い》み籠《こも》りて、しづ宮に忌《いは》ひ静め仕へまつりて、朝日の豊栄《とよさか》登りに、斎ひの返事《かへりごと》の神賀《かむほき》の吉詞《よごと》、奏《まを》したまはく」と奏す。

「高天の神主高御魂《たかみむすび》の命の、皇御孫《すめみま》の命に天の下大八島国を事避《ことよ》さしまつりし時に、出雲の臣等が遠つ神天《あめ》のほひの命を、国體見《がたみ》に遣はしし時に、天の八重雲をおし別けて、天翔《あまかけ》り国翔《くにかけ》りて、天の下を見《み》廻《めぐ》りて返事申したまはく、『豊葦原の水穂の国は、昼は五月蠅《さばへ》なす水《みな》沸き、夜は火瓫《ほべ》なす光《かがや》く神あり、石《いは》ね・木立・青水沫《みなわ》も事問ひて荒ぶる国なり。しかれども鎮め平《む》けて、皇御孫の命に安国と平らけく知ろしまさしめむ』と申して、己命《おのれみこと》の兒天《みこあめ》の夷鳥《ひなとり》の命にふつぬしの命を副《き》へて、天降《あまくだ》し遣はして、荒ぶる神等を撥《はら》ひ平け、国作らしし大神をも媚び鎮めて、大八島国の現《あき》つ事・顯《うつ》し事事避《ことよ》さしめき。すなはち大なもちの命の申したまはく、『皇御孫の命の静まりまさむ大倭《おほやまと》の国』と申して、己命の和魂《にぎみたま》を八《や》咫《た》の鏡に取り託《つ》けて、倭《やまと》の大物主《おおものぬし》くしみかたまの命と名を稱《たた》へて、大御和《おおみわ》の神なびに坐《ま》せ、己命の御子あぢすき高ひこねの命の御魂《みたま》を、葛木《かづらき》の鴨の神なびに坐せ、事代主《ことしろぬし》の命の御魂をうなてに坐せ、か

やなるみの命の御魂を飛鳥の神なびに坐せて、皇孫の命の近き守神と貢《たてまつり》り置きて、八百丹杵築《やほにきづき》の宮に静まりましき。ここに親神《むつかむ》ろき、神ろみの命の宣りたまはく、『汝《いまし》天のほひの命は、天皇命の手長の大御世を、堅磐《かきは》に常磐《ときは》に斎《いは》ひまつり、茂《いか》しの御世に幸《さき》はへまつれ』と仰せたまひし次《つぎて》のまにまに、供《いはひ》斎《ごと》仕へまつりて、朝日の豊栄登りに、神の禮《ゐや》じろ・臣の禮じろと、御禱《みほき》の神宝《かむだから》献《たてまつ》らく」と奏す。

「白玉の大御白髪《おほみしらが》まし、赤玉の御赤《みあか》らびまし、青玉の水の江の玉の行相《ゆきあひ》に、明つ御神と大八島国知ろしめす、天皇命の手長の大御世を、御横刀《はかし》広らにうち堅め、白御馬《みま》の前足の爪・後足《しりへ》の爪、踏み立つる事は、大宮の内外《うちと》の御門《みかど》の柱を、上つ石ねに踏み堅め、下つ石ねに踏み凝らし、振り立つる耳のいや高に、天の下を知ろしめさむ事の志《しるし》のため、白鵠《しらみどり》の生御調《いきみつき》の玩物《もてあそびもの》と、倭文《しづ》の大御心もたしに、彼《を》方《ち》の古川岸、此方の古川岸に生ひ立つ若水沼間《わかみぬま》の、いや若えに御若えまし、すすぎ振るをどみの水の、いやをちに御をちまし、まそひの大御鏡の面《おも》をおしはるかして見そなはす事の如く、明つ御神の大八島国を、天地《あめつち》月日と共に、安らけく平らけく知ろしめさむ事の志のためと、御禱《みほき》の神宝《かむだから》を擎《ささ》げ持ちて、神の禮じろ・臣の禮じろと、恐み恐みも、天《あま》つ次《つぎて》の神賀《かむほき》の吉詞《よごと》白したまはく」と奏す。

筑後国風土記（釈日本紀より）

筑後の国の風土記に曰はく、上妻《かみつやめ》の縣《あがた》。縣の南二里に筑紫の君磐井の墓墳《はか》あり。高さ七丈、周《めぐ》り六十丈なり。墓田《はかどころ》は、南と北と各六十丈、東と西と各四十丈なり。石人《いしひと》と石盾と各六十枚、交陣《こもごもつら》なり行《つら》を成して四面に周匝《めぐ》れり。東北の角に当りて一つの別区《ことどころ》あり。号《なづ》けて衙頭《がとう》と曰ふ。衙頭は政所《まつりごとどころ》なり。其の中に一《ひとり》の石人あり、縦容《おもぶる》に地《つち》に立てり。号けて解部《ときべ》と曰ふ。前に一人あり、裸形《あかはだか》にして地に伏せり。号けて偸人《ぬすびと》と曰ふ。生けりしとき、猪を偸みき。仍《よ》りて罪を決められむとす。側《かたはら》に石猪《いしゐ》四頭《よつ》あり。臓物と号く。臓物は盗みし物なり。彼《そ》の処にまた石馬三疋・石殿三間・石蔵二間あり。古老《ふるおきな》の伝へて云へらく、雄大迹《をほど》の天皇《すめらみこと》のみ世に当りて、筑紫の君磐井、豪強《つよ》く暴虐《あら》くして、皇風《おもむけ》に偃《したが》はず。生平《い》けりし時、預め此の墓を造りき。俄《にはか》にして官軍動発《みいくさおこ》りて襲《う》たむとする間《ほど》に、勢の勝つましじきを知りて、独目《ひとり》、豊前の国上膳《かみつみけ》の縣に遁《のが》れて、南の山の峻《さか》しき嶺の曲《くま》に終《みう》せき。ここに、官軍、追ひ尋《ま》ぎて蹤《あと》を失ひき。士《いくさびと》、怒泄《や》まず、石人の手を撃ち折り、石馬の頭を打ち堕《おと》しき。古老の伝へて云へらく、上《かみつ》妻《やめ》の縣に多く篤き疾《やまひ》あるは、蓋《けだ》しくは茲《これ》に由《よ》るか。

〔巻末資料〕③

万葉集　巻二

日並皇子尊《ひなみしのみこのみこと》の殯宮《あらきのみや》の時、柿本人麿の作る歌一首

天地《あめつち》の　初《はじめ》の時　ひさかたの　天の河原に　八百万《やほよろず》　千万神《ちよろずかみ》の　神集《かむつど》ひ　集ひ座《いま》して　神分り　分り
し時に　天照らす　日女《ひるめ》の尊《みこと》　天をば　知らしめすと　葦原の　瑞穂の国を　天地の　寄り合ひの極《きはみ》
知らしめす　神の命《みこと》と　天雲《あまくも》の　八重《やへ》かき別きて　神下《かむくだ》し　座せまつりし　高照らす日の皇子《みこ》は　飛鳥《とぶとり》の
浄《きよみ》の宮に　神ながら　太敷《ふとし》きまして　天皇《すめろき》の　敷きます国と　天の原　石門《いはと》を開き　神あがりあがり座し
ぬ　わが王《おほきみ》　皇子の命《みこと》の　天の下　知らしめしせば　春花の　貴からむと　望月の　満《たたは》しけむと
天の下四方《よも》の人の　大船の　思ひ憑《たの》みて　天つ水　仰ぎて待つにいかさまに　思ほしめせか　由縁《つれ》もな
き　真弓の岡に　宮柱　太敷き座し　御殿《みあらか》を　高知りまして　朝ごとに　御言《みこと》問はさぬ　日月の　数多《まね》
くなりぬる　そこゆゑに　皇子の宮人《みやひと》　行方知らずも

反歌二首

ひさかたの　天見るごとく　仰ぎ見し　皇子の御門の　荒れまく惜しも
あかねさす　日は照らせれど　ぬばたまの　夜渡る月の隠《かく》らく惜しも

（日本古典文学大系〈岩波書店〉による）

日本の生きた歴史（二十四）

——真実の歴史

一

真実の歴史は十三日の金曜日に現われた。従来のすべての歴史は虚偽となった。日本の歴史も世界の歴史も同一である。

宗教と国家は、己と対立する宗教や国家を敵として斃す。それに永遠の名が与えられた。どの宗教にも、どの国家にも、その権能ありと信ぜられた。いわゆる「靖国神社」の設立も、この理念が背景となっている。近年のいわゆる「イスラム国」問題にも、この理念が背景に存在する。

しかしそれらの本質は虚偽だ。なぜなら宗教や国家は人間の所産であり、決して人間が宗教や国家の所産ではないからである。

逆だ。宗教や国家には、その根本において、人間の生殺・与奪をにぎる権能など存在しないのである。

二

神と悪魔は表裏一体である。天国や極楽と地獄とは、一人の人間を前から見たものと、後《うしろ》から見たものとの差にすぎない。人間の歴史の中の観念の所産だ。一片の幻想にすぎぬ。共同幻想なのである。

この地球に戦争を合法化、そして合理化する観念など、本来存在しなかったのである。その肝心の一点を、今ここに宣言する。これが不動の真理である。

三

念のため、今回の「歴史の真実」を疑いなきよう、最後に明記する。

第一、人類が生み出した「宗教」や「国家」を根拠として、戦争を美化したり、合法化することは許されない。

第二、「神と悪魔」「極楽と地獄」などはすべて人間が〝独創〟した観念である。

第三、したがって、「産みの親」である人間や地球を〝殺す〟ような理念の存在は不当である。

第四、したがって、「原水爆」や「原発」などの、永きにわたり、人類や地球を〝壊す〟ものの存在もまた、不当である。人間や地球はこれを受け入れてはならない。

以上が「今」以降の「真実の歴史」の鉄則である。

——二〇一五年三月二十九日記了——

「倭」「倭人」について

張　莉

1　はじめに

私は甲骨文・金文や『説文解字』を研究対象としている中国人である。一九九六年に日本に留学に来てから、十七年になる。来日以来漢字学の研究を重ねてきたが、日本という国に興味を抱き、日本の古代の歴史についても若干の本を読んだ。しかしながら、日本の歴史は中国人の私にとってはとても難解で、わかりにくいものであった。本稿を書くきっかけになったのは、同志社大学名誉教授の小池一郎先生らのグループで行っていた『魏志』倭人傳の研究会であった。その際に、『魏志』の記述についてそれを読み解くために辞書を調べたり、いろんな解説者の注を読む体験をした。私が古代日本の歴史に対する興味を覚え始めたのは、この経験があったからである。

私は日本の歴史に対しては門外漢だと思っている。逆に私には日本人が抱いているような歴史に対する先入観はないから、古代日本のことを記した中国文献を、中国人の私の目を通して、また私が学んだ漢字学の基礎に立って素直に読んでみようと考え、その結果としてこの論文を提示するに至った。浅学故に足りないところもずいぶんとあるとは思うが、誤りは誤りとして、ぜひ正していただきたいと思う。

私は中国の史書を読むに際し、使用している漢字や後の史書で変更されている漢字は、すべて何らかの意図を以て使われた漢字であると考えている。この論説は、そういった考えの上に立ったものである。

「倭」に関する一番古い中国文献の表記は『論衡』の「倭人」、それから『山海經』の「倭」、『漢書』地理志の「倭人」、金印の「漢委奴國王」、『三國志』魏書の「倭人」「邪馬壹國」、『後漢書』東夷列傳の「邪馬臺國」、『隋書』東夷傳の「俀國」、『舊唐書』東夷傳の「倭國」「日本」などである。古来から日本の地は何と呼ばれていたか、その経緯を確認するとともに、特に「倭」「倭人」をはじめとして、キーワードとしての「漢委奴國王」「邪馬壹國」「邪馬臺國」「大倭」という語、及びそれに関連する語の音と義に対しての考察を試みた結果を本稿で示したいと思う。

2 『論衡』の「倭人」について

王充の『論衡《ろんこう》』巻十九恢国《かいこく》篇に「成王之時、越常獻雉、倭人貢暢（成王の時、越常雉《えっしょうきじ》を献じ、倭人暢《ちょう》を貢《こう》す）」と書かれている。中国の文献における「倭人」の最古の記録である。周の成王（前一一一五～前一〇七九）の頃といえば日本では縄文時代にあたるから、この話は信じるべきではないという意見が多い。ところが、古代の中国の歴史を辿っていくと、にわかに信憑性を帯びてくる。暢《ちょう》は鬯艸《ちょうそう》のことであり、「鬯」と同意の「鬱」について、『説文解字』（以下『説文』という）五下に「一曰鬱鬯、百艸之華、遠方鬱人所貢芳艸、合釀之、以降神。鬱今鬱林郡也（一に曰く、鬱鬯は百艸の華、遠方鬱人の貢する所の芳艸なり。之を合釀して、以て神を降す。鬱は今の鬱林郡なり）」とある。

鬱林郡は今の広西省桂平県に当たり、「鬯」の産地が中国南方にあったことが知られ、『論衡』の鬯艸とつながる。『三國志』魏書倭人条の中には、鬯草の記録はない。周王朝に鬯草を献上した倭人のことは著者陳寿も必ず知っていたはずで、鬯草が日本産であるならば、一九八八文字の長文で書かれた倭人条内に特産物としてそのことが記されないはずがない。したがって、『論衡』の倭人とは、中国南部に定住していた越族の中の倭人を指すと思われる。

安徽省北西部の亳県《はくけん》の元宝坑村一号墓から発見された磚《せん》に「有倭人以時盟不（倭人、時を以て盟すること有りや不《いな》や）」（一七〇年頃のものと推定される）とある。磚文の「盟」とは古代中国の近接する国々の間で神明にかけて交わされる不可侵や同盟の誓いを意味するのであり、そこからするとこの「倭人」が遠く離れた日本に住む倭人とは考えにくく、安徽省亳《はく》県に定住していた倭人と考えるのが妥当である。この金石文は倭人が中国国内に定住していた動かぬ証拠である。

越人は単一の民族ではなく、百越と呼ばれていた。この越族の中に倭人が含まれていた。長江下流域に住んでいた倭人の一部が北上し、山東半島から朝鮮を経て、日本に渡ったのであろう。鳥越憲三郎氏は「わたしは千年来、稲作を携えて日本列島に渡来した倭人、つまり弥生人と呼ばれた日本人のルーツを、中国雲南の滇池《てんち》周辺に求め、その雲南から各河川を通じてひろく移動分布した諸民族を、日本人と祖先を同じくするものとして、『倭族』の名で捉える新説を発表した」[1]と述べる。鳥越氏のいう「倭族」が日本に渡来した弥生人であることには同意であるが、「倭族」を雲南の滇池周辺の出自と限定するには疑問を感じる。その出自は概ね長江流域の中下流の南側で、その文化を伝える最大の遺跡は現在の浙江省余姚市にある河姆渡《かぼと》遺跡で七千年から五千年前の遺跡であり、稲と高床式建物がすでに出土している。

3 『山海經』に見る「倭」、『漢書』列傳六十九王莽傳に見る「東夷の王」について

次に、中国の古文献に「倭」が登場するのは中国最古の地理書『山海經』である。『山海經』巻十二海内北經に「蓋国在鉅燕南、倭北、倭屬燕。（蓋国は鉅燕の南、倭の北に在り、倭は燕に属す）」とある。清代に『山海經』を注釈した郝懿行の『山海經箋疏』によると「經云倭屬燕者蓋周初事與（経の云う倭属燕は蓋し周初の事か）」と述べられているが、時代がよくわからない。燕の楽毅将軍の活躍した戦国時代とする説もある。この頃の朝鮮半島では北側に燕、中央に蓋国、南側に倭があった。すなわち、この倭は朝鮮半島内にいる民族集団である。時代的にみて、恐らくは南越から移ってきた倭人のことであると思われる。

『漢書』王莽傳に次のような記事がある。「莽既致太平。北化匈奴、東致海外、南懐黄支、唯西方未有加。乃遣中郎將平憲等多持金幣、誘塞外羌、使献地願内属。（中略）莽復奏曰、太后秉統数年、恩澤洋溢、和気四塞。絶域殊俗、靡不慕義。越裳氏重譯献白雉、黄支自三萬里貢生犀、東夷王度大海奉國珍、匈奴単于順制作、二名去。今西域良願等復挙地爲巨妾。（莽すでに太平を致す。北は匈奴を化し、東は海外を致し、南は黄支《こうき》を懐《なつ》くるも、ただ西方は未だ加うること有らず。すなわち中郎将平憲《へいけん》等を遣わして多く金幣を持し、塞外の羌《きょう》を誘い、地を献じて内属せんことを願わしむ。（中略）莽復《ま》た奏して曰く、太后統を秉《と》ること数年、恩沢洋溢《よういつ》し、和気四塞《しそく》す。絶域俗を殊にするも、義を慕わざる靡《な》し。越裳《えつしょう》氏訳を重ねて白雉《はくち》を献じ、黄支三萬里よりして生犀《せいさい》を貢し、東夷の王は大海を度《わた》りて国珍を奉じ、匈奴の単于《ぜんう》は制作に順《したが》い二名を去る。いま西域の良願等復た

地を挙げて臣妾となる）」とある。これは平帝の元始四年（紀元四年）の記録である。この時、平帝は十三歳であり、王莽の行政下の傀儡政権であった。東西南北の国が貢献をする中で、「東夷王度大海奉國珍」の一文がある。「度大海」とあるから、この「東夷王」は、日本の地に住む倭の王であろう。ここで思い起こされるのは、『論衡』の「成王之時、越常獻雉、倭人貢暢（成王の時、越常《えっしょう》雉《きじ》を献じ、倭人暢《ちょう》を貢《こう》す）」の一文である。越裳と倭人の貢献が両方の文に載せられている。『漢書』を書いた班固が、『論衡』に書かれた内容を踏まえてこの文章を書いたのは間違いがないと思われる。『論衡』は『漢書』と同時代の成立であるが、王充と班固は同時代の人であったから、その内容は既に班固に伝わっていたのだと解釈するべきであろう。中国の歴史書では、まず以前の文献の内容を載せて、更に自分が見聞きした新しい出来事を書き加えるのはよくある手段である。興味深いことは、倭人の献上品が『論衡』では「暢草」であり、『漢書』王莽傳では「國珍」となっていることである。「國珍」がもし「暢草」であるならば、「倭人貢暢」の事実を踏まえて『漢書』にも「暢草」と書かれるはずで、「國珍」と書くのはその内容が「暢草」ではないからである。ただし、「國珍」が何であるかはわからない。

さて、ここで気づくのは『論衡』の「倭人」は中国南方の民族であり、『山海經』の「倭」は朝鮮半島内に住む民族であり、『漢書』王莽傳における「東夷王」は日本の地に住む倭王であることである。これらの記述から浮かび上がるのは、倭人の中国南方から朝鮮の地を経て、日本の地に至る民族の移動である。筆者は、呉越人中の倭人の集団がある時には直接九州に渡来しており、またある時には朝鮮を経由して渡来しているものと考える。『三國志』魏書烏丸鮮卑東夷傳倭人条（以下、通説に従い『魏志』倭人傳と表記する）にあるように、「黥面文身」や「貫頭衣」の習慣が中国南部と同じであり、それらは中国の倭人が直接九州にやってきた証である。中国から直接九州にやってきた倭人の領域に、朝鮮の地で集団を形成した倭人が何度も押し寄せたのだと思われる。

二〇一二年九月に中国の西双版納の瀾滄江（その下流がメコン川）の西岸から山奥に入った村、景哈哈《ハ》尼《ニ》族郷を訪ねた。電気は通じているが、テレビがなく、子供たちがはだしで歩いていたのが印象的であった。皆親切で、我々の取材にも快く応じてくれた。村の住民である初老男性の当黒さんに「倭」という字の意味を問うと、「アカ」と答えた。哈尼族は自らを「阿卡（ake）」すなわちアカ人といい、ミャンマー・タイ・ラオスにおいてはアカ族の名で知られる。この「阿卡」の意味は「远方的客人（遠くからの客人）」であり、哈尼族は瀾滄江の源流とされる大江源頭（西蔵自治区の拉賽貢瑪《ラサイゴンマ》とされるが定かではない）からやってきたといわれている。村の住居は「干栏《カンラン》」と呼ばれる高床式住居で、別地方の哈尼族の村の屋根には日本の神社建築によくある千木《ちぎ》（神社本殿の屋根上にある交叉した木）が見られた。彼らは、納豆や蒟蒻や餅を食べることも聞いた。近くの店で、もち米と紫米からなる赤飯やちまきを食べたが、ほとんど日本のものと変わらなかった。また、同じ哈尼族の隣村の入口には、鳥の木彫が両側に飾られた門が見られた。この門は日本の神社の鳥居の原型と見てよい。私は、これらのことから、哈尼族が日本列島に住む倭人と同じ出自の民族であることを確信した。もと倭人であった哈尼族や布朗族の人は皆優しかった。話しかけると、お茶飲んでいけ、飯食っていけと言い、家の中もどうぞ自由に見たらというた感じである。西双版納や昆明などの都会に住む人とは全く違う彼らの穏やかな目つきは、世界の中でも最も優しい親切な民族の一つとされる日本人に相通じるものがあった。

雲南民族の傣《タイ》族、哈尼族と長江流域から北東の日本に至った倭人には文化の上での多くの共通性が指摘されている。稲、高床式の建物、千木《ちぎ》、村の入り口に鳥の木彫を載せた門、納豆・蒟蒻・餅・赤飯の食用、下駄、貫頭衣（呉服にその名残がある）などである。春秋時代の呉越戦争、戦国時代の楚の侵攻による越の滅亡、さらには秦や漢による中国統一のための侵略により、越族のうちあるものは中国南部や現在のベトナム、ラオス、ミャンマー、タイに逃れ、またあるものは朝鮮・日本へと逃れていった。その人たちが、日本に稲作をもたらし、倭人と称したのであろう。

4　金印「漢委奴國王」の「委奴」について

『後漢書』東夷傳・倭に「建武中元二年、倭奴國奉貢朝賀、使人自稱大夫、倭國之極南界也。光武賜以印綬（建武中元二年、倭奴国、奉貢朝賀す。使人自ら大夫と称す。倭国の極南界なり。光武、賜ふに印綬を以てす）」とある。江戸時代に金印「漢委奴國王」が発見され、これが『後漢書』に言う「印綬」であるのは疑いなく、日本の古代史の中では最も有名な金石文となった。建武中元二年（五七年）に光武帝より授与された金印「漢委奴國王」の「委奴」について、その意味を述べてみたいと思う。

「漢委奴國王」は「漢の委《わ》の奴《な》の國王」と訓ずる三宅米吉説が最も有名で、「漢の委奴《いと》国王」と読んで伊都国王に比定するという説も多く支持されている。「委《わ》の奴《な》」の読みは、本居宣長が『馭戎慨言《ぎょじゅうがいげん》』において『魏志』倭人傳の奴国を儺県《なのあがた》、那津《なのつ》に比定したことに起因する論である。「漢の委奴《いと》国王＝伊都国王」は江戸時代に藤貞幹・上田秋成が唱えた。古田武彦氏は「漢の委《わ》の奴《な》の國王」つまり「AのBのC……」と読む「三段細切れ読法」は古代中国の印文には他に存在しないことを述べた[(2)]。また「漢の委《い》奴《と》國王」という読みについて、古田氏は「しかし、『委奴』を『伊都』と読むことはできない。なぜなら、『三国志』の記載に従うかぎり、〃一世紀に伊都国が倭人の中心国であった〃という可能性は、全く認められないからである」と述べ否定している[(3)]。最終的に、古田氏は「委奴国＝邪馬壹国[(4)]」という等式を樹立した。『舊唐書』倭國傳の冒頭にも「倭國者古倭奴國也（倭國は古《いにしえ》の倭奴國なり）」とあり、「倭國」が「倭奴國」を出自とすると語られている。漢の武帝は、日本列島内のいくつかの小国を統合した国として「委奴國」を認めたからこそ金印を授与したのであり、奴国や伊都国に金印を与えることは考えにくい。

さて、「委奴」の義について、更に考察を進めてみよう。

「委奴」を語る前に、同じ「奴」という字を用いた「匈奴」について考察する。

殷代から周初に至る民族名はすべて一字名称で、春秋・戦国時代から北狄・東夷にあたる国名は、匈奴・鮮卑のように二字名称になった。匈奴がはじめて歴史に登場するのは『史記』によると前三一八年で、秦の恵文王のときである。韓・趙・魏・燕・斉の諸国が、匈奴を誘って秦を攻めたという記述である。匈奴には恭奴（『漢書』匈奴傳）、凶奴（『蔡中郎集』黄鉞銘、『釈迦方志』巻上、『慈恩寺三蔵法師傳』、『三國史記』新羅紀）、兇奴（『大唐求法高僧傳』巻上）、胸奴（『塩鉄論』巻三十八）、降奴（『漢書』王莽傳）などがあり、共通の音を漢字で表記していることがわかる。北方の胡族に対して胡奴という表現もみられる。『三國志』の中に「安引軍追武曰、叛逆胡奴、要當生縛此奴、然後斬劉貢。（安は軍を引き、武を追って曰く、叛逆した胡奴、もし此奴を生縛すれば、然る後に劉貢を斬る）」の例がある。胡奴、此奴の「奴」は人を蔑んだ表現であることは間違いないであろう。

「匈」は『説文』九上に「膺也（膺《むね》なり）」とあり、胸の初文で、胸に×形の文身（入れ墨）を加えた人の側身形を表す象形文字である。「匈奴」とは、漢字から察するとおそらく胸に文身をした民族で、周以後中国の王国を北方から荒す集団であり、そのため蔑称の「奴」字を使用した。『史記』巻百十匈奴列傳五十に「漢使王烏等窺匈奴。匈奴法、漢使非去節而以墨黥其面者不得入穹廬。王烏、北地人、習胡俗、去其節、黥面、得入穹廬。（漢は王烏《おうう》等をして匈奴を窺《うかが》わしむ。匈奴の法に、漢使の節《せつ》を去りて墨を以って其の面に黥《げい》する者に非《あら》ざれば穹廬《きゅうろ》に入るを得ず。王烏は北地の人にして胡の俗を習う。其の節を去り黥面《けいめん》して穹廬に入るを得たり）」とあり、匈奴に墨黥の習慣があったことが知られる。白川静博士によると、「文」は「人の正面形の胸部に文身の文様を加えた形」(5)で、「凶礼のときにも胸に×形を加えて呪禁とすることがあり、凶・兇・匈・恟・胸などはその系列字である」(6)という。「文」は甲骨文に「」・「」などがあり、殷代の甲骨文が作られた頃には、胸に入れ墨をしていたのであろう。北九州の古い海人族である宗《むな》像《かた》氏は『古事記』に「胷形」と書かれ、胸に入れ墨をした部族であったようである。

先述の『漢書』王莽傳では「東夷王度大海奉國珍、匈奴単于順制作、二名去。（東夷の王は大海を度《わた》りて国珍を奉じ、匈奴の単于《ぜんう》は制作に順い二名を去る）」とあるように、明らかに「匈奴」と「東夷の王」すなわち倭王を対比して語っている。筆者は、「漢委奴國王」について、その「奴」は漢の北方の匈奴と対比して付けた「奴」であると考える。

「奴」は『説文』十二下に「奴婢、皆古《いにしえ》の辠《ざい》（罪）人なり」とあり、奴隷・奴婢などの熟語を形成するから一番低い階層にある人を指しており、かつ、辠《ざい》は鼻に入れ墨をすることを言い、奴婢には罪人としての入れ墨が施されていたようである。『魏志』倭人傳に「男子無大小、皆黥面文身（男子は大小と無く、皆黥面文身なり）」とあり、倭人の入れ墨の風習が知られる。倭人もまた、「匈奴」と同じく文身（入れ墨）の風習があり、このような対比の上で「委奴」と称されたものであろう。

顔師古は、『漢書』地理志の「樂浪海中有倭人、分爲百餘國、以歳時來獻見云（楽浪海中に倭人あり。分かれて百余国となる。歳時を以て来たりて獻見すと云ふ）」の「倭人」について次のように注釈している。

「如淳曰、如墨委面在帯方東南万里。臣瓚曰、倭是國名、不謂用墨。故謂之委也。師古曰、如淳云如墨

委面、蓋音委字耳。此音否也。倭音一戈反。今猶有倭國。魏略云、倭在帯方東南大海中。依山島為國。度海千里、復有國。皆倭種。（如淳曰く、如墨委面は帯方東南の万里に在り。臣瓚曰く、倭は国名なり、用墨を謂わず。故に是を委と謂ふなり。師古曰く、如淳、如墨委面を云ふに、蓋し音は委字のみ。此の音は否なり。倭音は一戈反なり。今猶ほ倭国有り。魏略に云ふ、倭は帯方東南大海中に在り。山島に依り国を為す。千里を度海《とかい》し、復た国有り。皆倭種なり）」如淳は三世紀中ごろの魏の人、臣瓚は三〜四世紀にかけての晋の人、顔師古は七世紀の唐の人である。

臣瓚が言ったように、如淳は「倭」の意を踏まえた「委」を述べていると筆者は考える。如淳は『魏略』の「倭在帯方東南大海中」を受けて「如墨委面在帯方東南萬里（如墨委面は帯方東南萬里に在り）」と注釈している。この二つの文章を対照すると「如墨委面」は「倭人」のことになるので、「委」は「倭」の意味を捉えたものである。また、西晋時代に書かれた『三國志』魏書烏丸鮮卑東夷傳第三十には「践粛慎之庭、東臨大海。長老説有異面之人、近日之所出、遂周観諸國、采其法俗、小大区別、各有名号、可得詳紀（粛慎の庭を践《ふ》み、東、大海に臨む、長老説くに、異面之人有り、日の出づる所に近し。遂に周《めぐ》りて諸国を観《み》、其の法俗、小大の区別、各《おのおの》有する名号を采り、詳らかに紀を得る可し）」とあり、『三國志』魏書の「異面之人」は発音からみて如淳の「如墨委面」を受けて記述したものと思われ、黥面の倭人を意味したものと考えて間違いはないであろう。

『後漢書』東夷傳倭に「安帝永初元年、倭國王帥升等獻生口百六十人、願請見（安帝の永初元年〈一〇七年〉、倭の國王帥升等、生口百六十人を献じ、請見を願ふ）」とある。唐初に書かれた『翰苑』には「後漢書曰、安帝永初元年、有倭面上國王師升至（後漢書曰く、安帝永初元年、倭面上国王師升が至る有り）」とあり、「倭面上國王帥升」と記されている。また、『後漢書』の「倭國王帥升」が一一世紀に書かれた『通典』

北宋版によると「倭面土國王師升」とあり、更に唐類函・変塞部倭国条所引の『通典』には「倭面土地王師升」となっている。

「倭面上」「倭面土」もまた、「異面之人」「如墨委面」と同意の語であろう。「倭面上」「倭面土」は、顔の上に入れ墨をした倭人の意である。「倭面土地王」は、「土」を「土地」と解釈したもので、一連の「異面之人」「如墨委面」から意味が離れており、何らかの間違った解釈による記載と思われる。

先述した『魏志』倭人傳の黥面文身、また『古事記』中つ巻 神武天皇の条に「袁登賣爾　多陀爾阿波牟登、和加佐祁流斗米（媛女《おとめ》に、直《ただ》に遇はむと、我が黥《さ》ける利目《とめ》）」と入れ墨を表す黥面の記述があり、古代の倭の男性は入れ墨をしていたことが知られる。また、古代日本において男性の名称に使われる「彦（彥）」や「顔（顏）」の旧字に見られる「文」は成人儀礼の際にひたいに朱や墨で描かれる文身を表す。現在の日本でも「あやつこ（阿也都古）」といって、魔よけの意味で赤ちゃんの額《ひたい》に、×しるし・犬などを鍋墨や紅で記す風習が古くからある。なお「彦（彥）」は「文」と「厂《かん》」と「彡《さん》」の合文であり、「文」は文身、「厂」はひたいの側面形、「彡」は文身の美しいことを示す記号的な文字である。したがって、「倭面土」もまた、面（顔）の上に土（顔料）をもって装飾された入れ墨まがいのものか或いは入れ墨そのものを指していると思われる。

そのように考えると、「倭面土」の「土」は「委奴」の「奴」と同じ入れ墨という意味に帰着するのである。中国の歴史書を著した代々の著者は、必ず以前の文献を見ており、それに対して注釈を加えたり、現在わかったことを書き加えたりするのは常例である。したがって、「委奴」「異面之人」「如墨委面」「倭面土」は明らかに一連の同義語なのである。

現代中国語では、ハンバーグは「汉堡包（hànbǎobāo）」、ホットドッグは「热狗（règǒu）」で表記される。「汉堡包」は漢字の音を借りた仮借であり、「热狗」の「热」は熱、「狗」は犬の意で、これは意味を熟語化したものである。また、コカコーラは「可口可乐（kěkǒukělè）」と書き、音と意味の両方を踏まえて表記する方法を用いている。こうした表記の仕方は、「倭面土国」「如墨委面」にも当てはめることができる。中国の漢字表記では、音と義を微妙に使い分けるのは古代からの修辞法である。

さらに、ここで古代中国の文献に出てくる「倭」と「倭人」の意味についても整理しておきたい。『論衡』巻十九、恢国篇に「成王之時、越常獻雉、倭人貢暢」と書かれている。周の成王（前一一一五～前一〇七九）の頃で縄文時代にあたる。この「倭人」は日本の倭人のルーツで南中国に住んでいた「倭人」のことを指すと思うが、それはさておいて、ここに「倭人」とあるのは民族集団としてある「倭人」のことであろう。『魏志』倭人傳の「倭人」も同じく、中国側から見て、倭人の民族集団を表現しているものと思われる。国（國）という概念は、『魏志』倭人傳の奴国・末盧国のように小地域の政治単位に使われたり、倭国のようにある程度大きな国に使われたりするので、国の大きさで判断されるのではなく、政治集団の纏まりの単位として使われる語である。しかし、中国や新羅のような外国から「倭國」と語られる時には、倭という民族が比較的大きい面積と人民を統合している政治国家を示すものと考えて差し支えないだろう。

金印「漢委奴國王」の「委奴」は「倭人」を卑下して言った言葉であると思われる。したがって、中国側からすれば「委奴國」という表現は、まだ大きな国としては認めにくいが、辺境に住みいくらかの国を統合した倭奴＝倭人の国として認めることを表している。『漢書』地理志に「楽浪海中有倭人（楽浪海中に倭人有り）」とあるのも、大国として認められない「倭人」の国を意味する。『魏志』倭人傳に「倭人条」とあるのも、上記の「委奴」と同じ発想による表記である。したがって、『漢書』地理志のている。したがって、『後漢書』に見える「倭」は、倭人の国あるいは倭国と解するのであるから、『漢書』の「倭人」、金印の「委奴」、『魏志』倭人傳の「倭人」はすべて倭民族の国家という同じ意味に帰着するのである。ただ「倭人」「委奴」の名称は『漢書』を経て『魏志』に至るまでの表現であることを認識しておく必要がある。『後漢書』以降の中国歴史文献では日本列島の宗主国を「倭」としている。

「委奴」は百余国を統合した「倭人」を示す卑語で、中国側としてはある一定地域を統一した国とみなし、それ故に後漢の光武帝にとっては「委奴國」と国交を開く意味があったのである。したがって「委奴國王」は「人」を意味する蔑称「奴」を「委」に付け足したものであって、「倭人の国王」の意味と解せられる。『隋書』俀国傳に「安帝時、又遣使朝貢、謂之俀奴國（安帝の時、又使いを遣わして朝貢す、之を俀奴国と謂ふ）」とある。これは『後漢書』に見る安帝（在位一〇六～一二五）に朝貢した倭国王帥升のことである。「俀奴」は「俀人」を卑下した呼称であろう。また『新唐書』には「倭奴」、『宋史』には「倭奴國」の名が見える。ここから考えても、「奴」は「人」を卑下した語として使われていることは間違いがないであろう。すなわち、匈奴・胡奴・委奴・俀奴・倭奴の「奴」は「人」を卑下した語としてすべて同じ意味で使われている。

上記の「委奴」の解釈については、すでに内藤文二氏が同じ主旨をずっと以前に述べている。内藤氏は『歴史公論』（第五巻第二号、一九三六年）掲載の論文で、「漢（カン）の委（ヰ或はワ）奴（ド）の国王」と読むべきであるとし、「奴」について「『奴』は『人』である。故に『倭奴國』も『倭人國』も『倭國』も同じ事である。『倭人國』は決して『倭の奴國（儺國）』ではあるまいと思ふ」と述べている。しかし、その後この論がなぜか「漢委奴國王」の正しい見解として論議された形跡はない。

従来の解釈の欠陥は、「委奴」を音読みし、それ以外の解釈はないとする点である。「委奴」は音が結合された語ではなく、意味を以て結合された語である。『魏志』倭人傳では意味を含めた名称がある。

最古の版である紹熙本では「對海國」とされ紹興本では「對馬國」とされるのであるが、その「對海國」の「海」は意味を示す語であり、また「一大國」の「大」も同じである。

5 「倭」の意味と音について

さて、「倭」「倭人」が何を意味するかについて考えてみたい。私は、中国側から見て、「倭」という文字は黥面文身を特徴とした民族を指しているという仮説を提唱しておきたい。その根拠について以下に述べたいと思う。

『魏志』倭人傳には倭人の黥面文身について次のように記述している。「男子無大小、皆黥面文身、自古以来、其使詣中國、皆自稱大夫、夏后少康之子、封於會稽、斷髪文身、以避蛟龍之害、今倭水人、好沈没捕魚蛤、文身亦以厭大魚水禽、後梢以爲飾、諸國文身各異、或左或右、或大或小、尊卑有差、計其道里、當在會稽東治之東（男子は大小と無く、皆黥面文身す。古より以来、其の使中国に詣るや、皆自ら大夫と称す。夏后少康の子、会稽に封ぜられ、断髪文身、以て蛟龍の害を避く。今倭の水人、好んで沈没して魚蛤《ぎょこう》を捕え、文身し亦以て大魚・水禽を厭《はら》ふ。後梢《やや》以て飾りと為す。諸国の文身各々異なり、或は左に或は右にし、或は大に或は小にし、尊卑差有り。其の道里を計るに、當《まさ》に会稽の東治の東に在るべし）」

この文面を見ると、倭人の特徴として黥面文身を挙げ、かなりのスペースを割いて事細かく述べている。『史記』巻四十一に「越王句践、其先禹之苗裔而夏后帝少康之庶子也。封于會稽、以奉守禹之祀。文身断髪、披草萊而邑焉。（越王句践。其の先は禹の苗裔にして、夏后少康の庶子なり。会稽に封じ、以て禹の祀を奉守す。文身・断髪して草萊《そうらい》を披《ひら》きて邑とす）」とあり、越族の文身・断髪について書かれていて『魏志』倭人傳の記事はこれを参考としている。倭人の入れ墨について、「以避蛟龍之害」、すなわち蛟龍の害を避けるために自ら龍蛇の入れ墨をしたことが述べられている。

『魏志』倭人傳の文面に倭人が周の身分の一つである「大夫」と自称しているとの記述があるのは、周から呉地に移り住んだ呉の太伯の子孫が倭人の系譜につながることを倭人が述べているものである。また『魏志』倭人傳には「所有無與儋耳・朱崖同（有無する所、儋耳《たんじ》・朱崖《しゅがい》と同じ）」とあり、儋耳・朱崖は中国の海南島の地名である。これは『漢書』地理志粤地《えっち》条の儋耳・朱崖の記事に「民皆服布、如単被、穿中央爲貫頭。男子耕農禾稲紵麻、女子桑蚕織績、亡馬與虎、山多麈麖、兵則矛盾木弓弩、或骨爲鏃（民皆布を服し、単被の如く、中央を穿ち頭を貫く。男子は禾稲紵麻を耕農し、女子は桑蚕織績す。馬と虎亡く、山に麈麖《じんけい》多し。兵は則ち矛・盾・木弓・弩《ど》、或いは骨をして鏃《やじり》と為す）」を参考としている。倭人の風俗が海南島の風俗と「近（し）」ではなく「同（じ）」と書かれていることは、中国南部の部族が日本にやってきて、その風俗を日本に伝えたことと考えて差し支えないと思われる。恐らくは、昔中国南方に住んでいた倭人が日本の地に移り住んだ伝承を、陳寿がこれらの文章で暗示しているものとみられる。

「倭」は「委」を声符とする形声文字であるが、その意は「委」に従うものと見てよい。この「委」を含んだ「委蛇（ゐだ、或いは、ゐゐ）」という語が『荘子』達生篇の「澤有委蛇（沢に委蛇有り）」という記述に見える。委蛇には委它・委佗（ゐい、或いはゐだ）・委委（ゐゐ）・委迤（ゐい）という同義語がある。おそらくは「ゐゐ」或いは「ゐい」と発音される言葉が先行してあり、それらに委・它・佗の字が当てられたと考えられる。委蛇はこれらの語より派生して出来た語である。それらは総じて委曲やうねうねと曲がる様を意味しているが、蛇のうごめく様から引伸されたものであろう。蛇にもかつて漢音の反切で以支平（yí）の発音があった。したがって、古代の中国人にとっては、「委」字に対してごく自然に蛇のくねくねする様を連想したと考えられる。また、上記の『魏志』倭人傳の記述は、中国南方において住んでいた倭人が龍蛇文様を黥面文身するという古俗を日本の地に伝えたことをも示している。そして、中国南方及び日本列島の「倭人」が「委蛇」の入れ墨をした民族という認識があったように思われる。

先述したように、『漢書』地理志の「樂浪海中有倭人」について魏の如淳は「如墨委面在帯方東南萬里」と述べた。彼は「倭」が「如墨委面（顔の入れ墨）」を意味するとした。「委面」は倭人の顔のことであり、その顔の上に墨黥が施されていることが記されている。このように、「倭（委）」と墨黥が連結されて熟語化されているのである。

また、「如墨委面」について「臣瓚曰、倭是國名、不謂用墨。故謂之委也（臣瓚曰く、倭は国名なり、用墨を謂わず。故に是を委と謂ふなり）」と注釈されていることよりみれば、臣瓚は「委」が用墨（入れ墨）を指すのではなく、国名の「倭」を指すとしている。このことは、「委」が当時龍蛇の用墨（入れ墨）をも意味したので、意味の混乱を避けるために、「委」を国名と述べたものと考えられる。倭人は「異面之人」「倭面土」などと呼ばれ、そのいずれもが黥面文身を倭人の第一の特徴としている。

蛇が曲がりくねっている様は蛇の生命力を最大限に表現したものであり、入れ墨に書かれた龍蛇の文様としてもごく自然に想定され得る。雲南省晋寧県で出土した「滇王之印」及び「漢倭奴國王」の両金印が蛇紐であったことも、当時雲南に住んでいた人々と九州地方に住んでいた倭人が蛇を想定させるに足るイメージをもつ集団であったことを中国側が認識していた象徴的な査証である。また、台湾のパイワン族の家の入口に描かれた蛇が這う彫刻や越人の流れをくむベトナムの神社の天井にある蛇の飾り物も、倭人の宗教的な象徴である。吉野裕子氏によると、日本の神社に見られる注連縄《しめなわ》の形は「蛇の交尾[7]」を模したものだという。神社の注連縄が雌雄の蛇のからみついたデザインであるならば、曲がりくねった蛇を端的に示しているといえよう。

また、「倭」は『説文』八上に「順皃（順《したが》ふ皃《かたち》なり）」とあり、段玉裁『説文解字注』「倭」の項に「倭與委義略同、委、随也、随、従也（倭と委は義略を同じくす。委、随なり。随、従ふなり）」とあり、「倭」「委」が従順を示す意としている。上述した「委蛇」にもその意味があり、倭人は龍蛇の入れ墨をした従順な民族を表すものとみられる。南中国の「倭人」は古文献に国の名として記載されることがなく、おそらくは越人の中に含まれており、秦や漢といった大国には、軍備の上で歯が立たなかったのであろう。したがって、大挙して侵入してきた軍団に対して山深く逃げるか、征服王朝に従属するかしか方法がなかった。それ故に、倭人は中国南方や東南アジアの各地もしくは朝鮮半島や日本列島に逃げのびたのであろうと思われる。そのような従順な民族に対して、中国の中原を制覇した周・秦・漢など大国の人々は「倭」という漢字を用いたのではないだろうか。

鳥越憲三郎氏は中国の南方に住む佤族について、「なお佤族の自称も居住地域によって異なっているので付記しておく。西盟・孟連地区で『ワ』『アヲ』『アワ』、滄源・耿馬・双江・瀾滄地方では『パラオケ』、鎮康地区は『ワ』という。右の『ワ』は『ヲ（wo）』の転訛したものである。日本列島に稲作をもたらした弥生人は『倭人』と称されたが、その『倭』の古音は『ヲ』で、佤族が倭人の呼称をそのまま伝えていることには注目される[8]」と述べている。また、鳥越氏は「その『越』と倭人の『倭』とは、ともに上古音で『wo』といい、それは類音異字に過ぎず、越人も同じく断髪・分身の倭人であった[9]」と述べる。越の上古音を「を（wo）」と発音し、古代豪族越智氏は「オチ」と発音される。すなわち、越（wo）の発音が忠実に日本に伝わっているのである。

先述の『漢書』地理志についての顔師古の注釈で副次的にわかったことは、唐の顔師古の生きた時代には、倭の発音は「一戈切」で「yua」になっていて、これは我々が今「倭」の発音を「ワ」と言うのに近い。元の「倭」の発音は「イ（i）」ではなく、ワ行の「ヰ（vi）」であろう。『説文』八上の「倭」では反切が「於爲切」となっていて、その発音は唐音と見られ「yi」である。したがって、「倭」の発音は、唐代においては『説文』にいう「yi」と顔師古のいう一戈切「yua」が混在していたようである。

中国で漢字の「委」「倭」の音を「ヰ（vi）」と発音していたものが「ワ（wa）」になったのは、中国南方人或いは日本の倭人が発する「ワ（wa）」の発音の影響を被ったものかもしれない。中国南方の倭人が「倭」を「ワ（wa）」と呼び、それらの発音が倭人の朝鮮や日本への移動とともに伝わってきたとも考えられる。中国では、「倭」の漢音・呉音ともに「ヰ」と「ワ」があり、現在の中国語に至っては「wo」で発音されている。「邪馬壹國」「邪馬臺國」及び「倭（ゐ）國」は中国から倭国のことを漢字音で呼んだ呼称であって、九州にいた倭人はもとより自らの部族名を「ワ（wa）」と呼んでいた可能性がある。

6　『魏志』倭人傳に見る「邪馬壹國」、『後漢書』東夷列傳倭条に見る「邪馬臺國」について

『後漢書』東夷列傳倭条（以下、『後漢書』倭傳と表記する）の冒頭に次のような記述がある。「倭在韓東南大海中、依山島爲居、凡百餘國。自武帝滅朝鮮、使驛通於漢者三十許國。國皆稱王、世世傳統。其大倭王居邪馬臺國。（倭は韓の東南大海の中に在り、山島に依りて居を為す。凡そ百餘国あり。武帝、朝鮮を滅して

より、漢に使駅を通ずる者、三十許国なり。国、皆王を称し、世世統を伝う。其の大倭王は邪馬臺国に居る）」この記事について、唐の李賢（六五四～六八四）は「案今名邪摩惟音之訛也（案ずるに、今の名は、邪摩惟の音の訛《なま》りなり）」と注している。

上記から『後漢書』倭傳にまつわる三つのキーワードを取り上げてみたい。それは、「大倭王」「邪馬臺國」それから李賢注の「案今名邪摩惟音之訛也」である。それらについて以下解釈を試みたいと思う。「邪摩惟」は『北史』（六五九年成立）の「邪摩堆」と対比して作られた語と思われる。(10)「惟（ヰ）」↓「堆（タヰ）」の発音上の推移が「隹」という同じ文字符号を媒介として述べられている。「邪摩惟」の読みは「ヤマヰ」であろう。「邪摩惟」の「惟《ゐ》」は、『魏志』倭人傳の「邪馬壹國」の読みが「邪馬壹《い》國」であることを示している。次に、「大倭王」の「大倭」の読みは「タイヰ」であろう。思うに、「倭」の読みは「ヰ」、「大倭（タイヰ）」は、「倭（ヰ）」に「大（タイ）」という美称をつけたものである。『魏志』倭人傳には「國國有市、交易有無、使大倭監之（国国に市有り。有無を交易し、使大倭に之を監せしむ）」という記述が見える。この「使大倭」は後に『宋書』第九十七異蛮傳倭國にみる「使持節」の「使」と「大倭」から成る語であり、邪馬壹国が直接使わした、いわば国営の役人を指すものと思われる。『後漢書』倭傳には邪馬臺国の王、つまり卑弥呼あるいはその系統を継ぐ王を「大倭王」と述べている。また、『法華義疏』の冒頭に「此是大委国上宮王私集非海彼本（これは大委国の上宮王の私集なり、海の彼の本に非ず）」とある。これは『隋書』俀国傳の時代にあたり、上宮王は『隋書』俀国傳の多利思北孤を指す可能性が高く、聖徳太子ではない。(11)「大委国」は「俀国」を指すものとみられる。また「壹《い》」は「倭《ゐ》」の表音であって、「邪馬壹國」は「邪馬倭（ヰ）國」の意であり、『後漢書』倭傳の「邪馬臺國」は「邪馬大倭（タイヰ）國」の意であると思われる。「大倭國（タイヰコク）」が発音上「タヰコク」

となるのは自然である。『隋書』俀国傳の「俀」もまた、「大倭（タイヰ）」の意ではなかろうか。[12]「倭」とは、そもそも倭人を指し、更に言うなら倭人からなる民族の総称である。国名としての「倭」は倭人が中心勢力となって作った国の意である。それは「越」が越人という民族の総称が国名になったのと同じ在り方である。「倭奴國」が倭奴（＝倭人）の国であることを述べたが、その意味では「倭奴國」は後の「倭國」と同意である。

また、「依山島爲居」は「邪馬＝山」の意を伝えたものとして解釈できる。「邪馬壹《やまい》國」は日本名で「ヤマ」と称される倭人の住む国を指すことになる。筆者は、この「ヤマ」を「邪馬壹《やまい》國」の成立のはるか以前の北九州の地名であったと考える。「邪馬」は本来、山川の山を指す和名である。古田武彦氏は、「ヤマ」を「春日村・須玖（大字）・岡本（中字）・山（小字）[13]」の「山」に、その中心地を試論として求めたようであるが、縄文の昔からあった古地名であったとすれば、「ヤマ」は一定の広い地域を指す語であると考えられる。岡本山の「山」は地形を表す小字名に過ぎず「邪馬壹《やまい》國」の「邪馬《やま》」とは無関係であろう。古田氏は「ヤマ」の類縁地名として「『山家』（太宰府と朝倉との間）、『山門』（筑後）、『下山門』（福岡市。室見川下流の西方）[14]」を挙げているが、その一帯の地域が「やま」と呼ばれる地域なのであろう。山門《やまと》の地名は「山」という国の入口を示すものと解釈できる。古代の最も古い地名にはツ・ナ・セ・ヤマ・シマ・ハマなど一音節・二音節の素朴な名称が多く、時代を経て川戸・山門・瀬戸・山家など、地名が複合的な名称に変わっていく。最初はある一定地域内での識別名称であったものが、より詳しい識別名称となるにしたがって、複合的な名称に変わっていくのである。したがって、「ヤマ」は倭人が北九州を統一する以前から存在する北九州の呼び名であると思われる。そうすると、「邪馬壹國」はかつて「ヤマ」と呼ばれる地方を制圧して新たに打ち立てた倭人の国を示す地名であると思われる。

『後漢書』倭傳の著者范曄（三九八～四四五）の時代といえば、東晋義熙二年（四一三年）、宋永初二年（四二一年）の二度にわたって、倭の五王の最初の王と称される讃が朝貢している。このことは『宋書』巻九七夷蠻傳倭國にその記録があり、范曄は宋国に所属していたから、当然倭王讃の朝貢のことを知っていたと思われる。ということは、倭王讃が「邪馬壹國」「邪馬臺國」の系譜を引く倭国の王であるという認識のもとに、『後漢書』倭傳を書いたに違いない。

それでは、なぜ『後漢書』の著者范曄は「ヤマタイコク」の「タイ」の音に「臺」を使用したのだろうか。第一にそれは、『後漢書』の「倭在韓東南大海中、依山島爲居」の「山島」に「臺」があることを示しているからである。我々はこの「臺」と同意の表記を「台（臺）湾」に見ることが出来る。「邪馬臺國」「台（臺）湾」ともに、山島に在る「臺」が国の地理的状態を語るものである。第二に「臺」字がその当時、卑字であったからである。『春秋左氏傳』に「人有十等。下所以事上、上所共神也。故王臣公、公臣大夫、大夫臣士、士臣皁、皁臣輿、輿臣隸、隸臣僚、僚臣僕、僕臣臺（人に十等有り。下《しも》の上《かみ》に事《つか》ふる所以は、上の神に共する所以なり。故に王の臣は公、公の臣は大夫、大夫の臣は士、士の臣は皁《そう》、皁の臣は輿《よ》、輿の臣は隸《れい》、隸の臣は僚《りょう》、僚の臣は僕、僕の臣は臺なり）」とある。つまり『春秋左氏傳』の「臺」は最も身分の低いものを表す言葉なのだ。それ故に、范曄が遠く離れた東南大海の中にある東夷の国「倭」に「臺」なる卑字を使ったのである。

『魏志』倭人傳中にも一箇所「臺」の出てくるところがある。「壹與遣倭大夫率善中郎將掖邪狗等二十人、送政等還。因詣臺、獻上男女生口三十人……（壹與、倭の大夫率善中郎将掖邪狗等二十人を遣わし、政等の還るを送らしむ。因って臺に詣り、男女生口三十人を献上し……）」とある。ここでは、「臺」は天子の住む宮殿を指し、貴字である。よって、同時代に「邪馬壹國」の「壹」に貴字の「臺」字を当てるわけがない。すなわち、「邪馬壹國」はよく言われるように「邪馬臺國」の書き誤りではない。魏（二二八〜二六五）の時代には「臺」は貴字であったが、『後漢書』を書いた范曄（三九八〜四四五）の時代には「臺」は先述した『春秋左氏傳』の時と同じく卑字だったのである。

7　『隋書』東夷傳俀國に見る「俀」「邪靡堆」について

『隋書』東夷傳俀國（以後通例に従い、『隋書』俀國傳と表記する。和田清・石原道博編訳の『隋書』倭国伝（岩波新書）は、「俀」字を「倭」と表記している）の「俀（タイ）」もまた、一方で「大倭（タイヰ）」の音を表しながら、「女」を字中に含ませることにより、卑弥呼の女王国を彷彿とさせる意味を含ませた語であると思われる。繰り返し述べるが、このような漢字の修辞法は古代中国では、古くより多く行われている。

俀国の王多利思北孤は男性の王であるから、女性の推古天皇や王でない聖徳太子ではありえない。『新唐書』巻二百二十列傅第百四十五日本に「用明亦曰、目多利思比孤直隋開皇末始與中國通（用命亦た曰く、目多利思比孤隋開皇末に直《あた》りて始めて中国と通ず）」とある。『隋書』俀國傳には開皇二〇年（六〇〇年）とあるから、多利思北孤の時代は推古天皇の時代であり、用明天皇とは時代が合わない。この記事はおそらく日本から来た遣唐使に聞いた情報であるから、その遣唐使が日本は卑弥呼の系統を継いだ一系の王朝であるという建前の元に虚偽を語ったものである。

『隋書』俀國傳に「都於邪靡堆。則魏志所謂邪馬臺也（邪靡堆に都す。すなわち魏志の所謂《いわゆる》邪馬臺なり）」とある。和田清・石原道博編訳の『隋書』倭国伝（岩波新書）には「邪靡堆」に対して、「北史には邪摩堆とある。靡は摩の誤りであろう。すなわちヤマト（邪馬臺）」と注釈している。このように、「邪靡堆」は「邪摩堆」の間違いであるとする考えがあるが、同じ『隋書』俀國傳の文章の中で「邪馬臺」があり、一方の「靡」字のみ「摩」の間違いということはないであろう。そうすると、「邪靡堆」の読みと意味は何であろうかという疑問が生じる。この問題について以下論じてみたい。

「靡」は現在の日本では「ヒ」「ビ」と読むが、『説文』十一下に「披靡也、从非麻聲（披靡なり。非に従ひ、麻が聲）」とあり、この字の意符は「非」であり、声符が「麻（ま）」なのである。したがって、「邪靡堆」は「ヤマタイ」と読んだに違いない。誤字である場合には、その明確な理由も述べるべきであろう。例えば、先述の和田清・石原道博編訳の『隋書』倭国伝に「邪靡堆」について、「北史には邪摩堆とある」とあるが、それならば『北史』においてなぜ、「邪靡堆」が「邪摩堆」に置き換えられたかをまず検討しなければならない。その理由として考えられることは、「糜《び》」「糜《び》」の音があることである。正確には、「靡」はビ、ミの音があり、現代中国語ではmiである。そうすると、当時では「邪靡堆」は「ヤビタイ」「ヤミタイ」とも読めた可能性がある。『北史』では、「靡」がこのように「マ」と「ミ」「ビ」の発音上の明確さを欠くために、音の紛れがない「邪摩堆」の表記に置き換えたと考えられる。『北史』の編者・李延寿は『隋書』の編纂にも参与しており、以上のような観点から「邪靡堆」から「邪摩堆」に換えたのであろう。このように、文字の置き換えは何らかの意味があると考える方がよい。

更に、「邪靡堆」という言葉について考察してみよう。「其地勢東高西下、都於邪靡堆、則魏志謂邪馬臺者也。（其の地勢は東高西低である。都は邪靡堆で、則ち魏志の言ふ邪馬臺なる者なり）」とある。したがって「邪靡堆（ヤマタイ）」は「邪馬臺」と同じ発音であるから、「邪馬臺國」の読みは「ヤマタイコク」である。またそれに加えるに、「堆」字を使用することにより「邪馬臺國」の「臺」の意味を述べている。

「邪馬臺國」が俀國傳の文章では、「其地勢東高西下」とあるので、そのことと「堆=うずたかい丘の意」との意味的関連を含ませたものと解釈できる。「臺」は『説文』十二上に「觀四方而高者从之从高省與室屋同意（観の四方にして高きものなり。至に従ひ、之に従ひ、高の省に従ふ。室、屋と意を同じうす）」とある。そこから、意味が拡張され、台地のような高台を指す。したがって、「臺」は「堆」に通じ、「邪馬臺國」とは台地の上に位置した国であることを示している。このことは、「其地勢東高西下」とともに「邪馬臺國」「俀國」のあった場所を比定する条件となる。「其地勢東高西下」は、おそらく西側には海があって東側になるほど地形が高くなる地と推測され得る。文字の使用に関していささか込み入った解釈のように思えるが、これが当時の本来的な中国における修辞法なのである。

唐初に書かれた『翰苑』には、倭国について次のように述べられている。

「憑山負海、鎮馬臺以建都。分職命官、統女王而列部。卑彌娥惑翻叶群情、臺與幼齒、方諧衆望、文身點面、猶稱太伯之苗。阿輩鶏彌、自表天兒之稱。因禮義而標秩、即智信以命官。邪届伊都、傍連斯馬。中元之際、紫綬之榮。景初之辰、恭文錦之獻。（山に憑り海を負うて、馬台に鎮し以て都を建つ。職を分ち官を命じ女王に統ぜられて部に列せしむ。卑弥娥は惑翻して群情に叶い、臺与は幼歯にして方に衆望に諧《かな》う。文身黥面して、猶太伯の苗と称す。阿輩鶏弥、自ら天児の称を表す。礼儀により標秩し、智信に即して以て官を命ず。邪《なな》めに伊都に届き傍ら斯馬に連なる。中元の際紫綬の栄あり。景初の辰文錦の献を恭しくす）」

この文中の「阿輩鶏彌」は『隋書』俀國傳の「阿輩鶏彌」と同じであり、多利思北孤を指す。更に「邪届伊都、傍連斯馬（邪めに伊都に届き傍ら斯馬に連なる）」とあり、この文の主語は「邪馬臺（壹）國」を経て「俀國」に至るまでの一連の倭国か或いは「俀國」であり、その都は北九州の伊都に接していたことが書かれている。このことからも、「邪馬臺國」の系譜を引く「俀國」は九州に在り、多利思北孤

はその王であるから、断じて聖徳太子ではないことがわかる。また、『魏志』倭人傳の「卑彌呼」がここでは「卑彌娥（ヒミガ）」となっており、「娥」は美しい女性を意味し、『魏志』倭人傳に「事鬼道、能惑衆（鬼道に事え、能く衆を惑わす）」と記された「卑彌呼」の神秘性を表現した漢字であろう。また「娥」を音の表記とも解すれば、「卑彌呼」の読みは「ヒミカ」であることが類推される。

8 「倭國」と「日本」について

「倭國」という名称が、いつどのような過程を経て「日本」という名称になったか、について以下考察したいと思う。

『舊唐書』に倭國傳と日本傳があるのは、この二つの国が別の国であることを示している。『舊唐書』倭國傳には「貞觀五年遣使獻方物、太宗矜其道遠勅所司無令歲貢、又遣新州刺史高表仁、持節往撫之。表仁無綏遠之才、與王子爭禮、不宣朝命而還（貞觀五年〈六三一年〉、使いを遣わして方物を獻ず。太宗其の道の遠きを矜《あわ》れみ、所司に勅して歳ごとに貢せしむるなし。また新州の刺史高表仁を遣わし、節を持して往いてこれを撫せしむ。表仁、綏遠の才なく、王子と礼を争い、朝命を宣べずして還る）」とあり、また『隋書』俀國傳の最後に「此後遂絶（此の後遂に絶つ）」とあり、この時から倭国が白村江の戦いに至るまで国交を絶っており、唐と倭の亀裂の一端を表している。『舊唐書』倭國傳の上記の記事に続いて、日本傳の「日本國者、倭國之別種也（日本国は倭国の別種なり）」という記事が記されている。『舊唐書』倭國傳日本傳の記述から、白村江の戦いの後に壊滅的な打撃を被った倭国を併呑して日本列島に君臨する礎を築いた近畿大和勢力の歴史が明らかとなる。その根拠を以下に述べたいと思う。

『舊唐書』列傳第百四十九倭國日本に次のような記述がある。

「A日本國者倭國之別種也。B以其國在日邉故以日本爲名C或曰倭國自惡其名不雅改爲日本D或云日本舊小國併倭國之地E其人入朝者多自矜大不以實對故中國疑焉（A日本国は倭国の別種なり。Bその国日辺に在るを以て、故に日本を以て名と爲す。C或いは曰く、倭国自ら其の名の雅爲らざるを悪《にく》み、改めて日本となすと。D或いは云ふ、日本は旧《もと》小国、倭国の地を併せたり。E其の人、入朝する者、多くは自ら矜大《きょうだい》、実をもって対《こた》えず。故に中国、焉《こ》れを疑う）」（ABCDEは著者記す）

上の文について解釈してみよう。

C「或曰倭國自惡其名不雅改爲日本（或いは曰く、倭国自ら其の名の雅爲らざるを悪《にく》み、改めて日本となす）」は、後に書かれた『宋史』日本傳で「日本國本倭奴國也（日本国は本の倭奴国なり）」とあるのと同じく、古来の倭が今の日本と同一系統であるとする近畿大和勢力の人が語った言葉である。D「或云日本舊小國併倭國之地（或いは云ふ、日本は旧小国、倭国の地を併せたり）」は歴史のありのままを述べており、これは近畿大和勢力以外の人が語った言葉であろう。C「或曰」を近畿大和勢力、D「或云」をそれ以外の人が語った言葉として、両文の主語が相違していることを示しているのである。A「日本國者倭國之別種也」・B「以其國在日邉故以日本爲名」は、C・Dの両者の言い分を聞いて当時の中国側が下した結論である。それ故、日本を最初に名乗ったのは近畿大和勢力であると考えられる。下文E「其人入朝者多自矜大不以實對故中國疑焉（其の人、入朝する者、多くは自ら矜大《きょうだい》、実をもって対えず。故に中国、焉《こ》れを疑う）」とあるのは、倭国と異なる近畿大和勢力の者の言う歴史が、今まで接していた倭国の遣使が言う歴史に対して、かみ合わない齟齬《そご》があったことを示している。この文面からわかることは、倭国を併呑した近畿勢力が最初に日本を名乗ったことである。

古田武彦氏はC「或曰倭國自悪其名不雅改爲日本」より、日本国を最初に名乗ったのは倭国だとしており、『日本書紀』継体天皇の項に『百済本記』の「日本天皇及太子皇子倶崩薨」とある記事を以て、倭国が日本及び天皇の称号を用いたものとしているが[15]、その解釈は正しくないと思われる。『日本書紀』に書かれた『百済本紀』の「日本」は『日本書紀』の「神日本磐余彦《かむやまといわれひこ》」「日本武命《やまとたけるのみこと》」の「日本」と同質の表記であって、あたかもこの記事が近畿大和勢力の継体天皇のことを語っているように見せかけた表現法である。すなわち、『日本書紀』における『百済本紀』に書かれた「日本天皇」は、『日本書紀』作成の際におそらく「倭王」から改竄されたものとみられる。「天皇」号は、少なくとも継体天皇の頃には使われた形跡はない。それ故、朝鮮資料である『百済本記』に「天皇」と書かれているはずはなく、これもまた『日本書紀』編纂の際の改竄によるものとしか考えられない。また、継体天皇の崩御に際して太子・皇子がともに死亡した事実はなく、古田氏の言うように『百済本紀』の「日本天皇」、正確には「倭王」は継体側の将軍物部麁鹿火《もののべのあらかい》に敗れた九州王朝の磐井のことを指していると思われる[16]。

『新唐書』列傳第百四十五東夷日本には「日本古倭奴國也。(日本は古《いにしえ》の倭奴国なり)」とあり、倭國傳は『新唐書』にはない。また、『宋史』列傳第二百五十外国七日本國に次のような記述がある。

「日本國者本倭奴國也。自以其國近日所出故以日本為名。或云悪其舊名改之也。(日本は本《もと》の倭奴国なり。自らその国日出ずる所に近きを以て、故に日本を以て名と為す。或いは云う、その旧名を悪《にく》みこれを改むるなり)」

両書の文脈を解すれば、日本国すなわち近畿大和勢力は「倭奴國」の末裔であるとしている。これは、『日本書紀』『古事記』と同じ文脈に立つもので、正しい歴史ではない。一方、近畿大和勢力がみずからの国を日本と号したのは正しいが、「或云悪其舊名改之也(或いは云う、その旧名を悪《にく》みこれを改むるなり)」は、倭国が日本と名称変更したことになり、近畿大和勢力が語った虚偽の歴史である。そのことを「或

云」と記述したのは、それは日本の人が自ら言っていることで、中国側は正しいかどうかは疑問視しているというニュアンスを文章に含ませているのである。

『新唐書』に次の文が載せられている。

「咸亨元年、遣使賀平高麗。後稍習夏音、悪倭名、更號日本。使者自言、國近日所出、以為名。或云日本乃小國、為倭所并、故冒其號。使者不以情、故疑焉。(咸亨元年、遣使が高麗を平らぐるを賀す。後にやや夏音を習び、倭名を悪《にく》み、更に日本と号す。使者が自ら言うに、国は日の出ずる所に近し、以て国名と為す。或いは云ふ、日本は及《すなわ》ち小国で、倭を併《あわ》せる所と為り、故に其の号を冒す。使者は情を以てせず、故にこれを疑う)」

咸亨元年は六七〇年。白村江の戦いの七年後である。「悪倭名、更號日本」は日本国の使者が、自分たちの国はもと倭国であったが、日本と改名したと語っている状況を示し、虚偽の歴史である。また、「或云日本乃小國、為倭所并、故冒其號」の「為倭所并」は文の主語を「日本」とみて「倭を併《あわ》せる所と為り」と訳した。正しい文法では「為所并倭」となるところであるが何故か「倭」が「所并」の前にあるので紛れがある。筆者がそのように訳した根拠は、この文が『舊唐書』の「或云、日本舊小國、併倭國之地(或いは云ふ、日本は旧小国、倭国の地を併せたり)」を受けて書かれた文だからである。そうすると、次の「故冒其號」の「其號」とは「倭」のことであり、日本はもと小国であったが倭国を併合し、国号を「倭」から「日本」に改めた意味となる。『新唐書』の「或云」は『舊唐書』と同様に日本国以外の人が語った言葉であり、真実の歴史である。中国側は、この言葉が日本の使者の言っていることとかみ合わないので疑ったのである。中国側が「日本」を最初に名乗ったのは近畿大和勢力であると認識していたことは、『舊唐書』『新唐書』『宋書』を通して一貫している。

神武天皇を『古事記』では「神倭伊波禮毘古《かむやまといわれひこ》」、『日本書紀』では「神日本磐余彦《かむやまといわれひこ》」と表記している。

同様に景行天皇の皇子小碓命《おほうすのみこと》を『古事記』では「倭健命《やまとたけるのみこと》」、『日本書紀』では「日本武命《やまとたけるのみこと》」と表記している。「やまと」は奈良地方を云う言葉であるが、このように「倭」「日本」を「やまと」と発音するのは、近畿大和勢力が、自らの出自を「倭」の系統に当て嵌めたからである。『古事記』の成立が和銅五年（七一二年）、『日本書紀』の成立が養老四年（七二〇年）であり、『古事記』の「神倭伊波禮毘古」「倭健命」が八年後成立した『日本書紀』の「神日本磐余彦」「日本武命」に換えられているところに日本書紀編集者の作為が見られる。元明天皇（六六一〜七二一）の時に、「倭《やまと》」は「大和」に置き換えられた。「倭（ワ）」を貴字の「和（ワ）」に置き換え、しかも「大倭《たいゐ》」を意図して合成した語であろう。

これらから見ると、『古事記』『日本書紀』では「倭」と「日本」がもともとは一系であることを前提として書かれている。しかしながら、中国人の私より見れば、「邪馬壹國」の卑弥呼から「俀國」の多利思北孤を一系統とする「倭國」と神武天皇から推古天皇を経て天智天皇・天武天皇と続く近畿大和勢力の「日本」が、どうしても同じ系統とは思われない。

9　おわりに

本稿を書き終えて、私の書きあげた「倭」「倭人」の説明が日本の定説ではないことに、自分のことながら驚いている。だが、これらは私なりに日中関係の中国の古文献を解釈し、その論理の赴くままの結果である。私は、『日本書紀』『古事記』の解釈をほとんど差し挟まず、古代日本の歴史を中国文献からのみ検証するという方法を採った。『日本書紀』『古事記』は近畿大和勢力が作成したものであるから、当然体制側に有利な記述となり、そのための改竄がある。私のような門外漢にとっては、両書をそのまま読んでいけば迷路に入るばかりで、正しい歴史は得られそうにない。

本稿を書くにあたって、古田武彦氏の諸著書を、ずいぶんと参考にさせていただいた。しかしながら、古田氏と違う見解も少しは述べている。例えば、『論衡《ろんこう》』の「倭人貢暢」について古田氏は「一方の『漢書』で「楽浪海中に倭人あり……」と書き、他方の『論衡』で「倭人鬯草を貢す[17]」と書いてあるとき、同じ読者は当然〝同じ倭人〟として読むのではないでしょうか[18]」と述べている。しかし、安徽省北西部の亳県《はくけん》の元宝坑村一号墓の磚《せん》に「有倭人以時盟不（倭人、時を以て盟すること有りや不《いな》や）」（二七〇年頃作ったと推定される）とあることからみれば、当時倭人が中国内に住んでいたことは明らかである。また鬯草の産地について『説文解字』に「鬱林郡」とあり、これは中国の広西省桂平県であり、中国南方である。また、朝鮮における倭や日本列島における鬯草の記述は『魏志』倭人傳などの中国の古文献には見られず、もし鬯草が日本列島産であれば、必ず載せるであろう。更に、「邪馬壹國」の「邪馬」の意味や日本や天皇という呼称の出自についても異論を提出した。

「委奴」について、従来の読み方はこれを表音として理解したが、筆者は意味が結合された語と解釈した。「奴」が人の卑語であることから、「委奴」は倭人を卑下して言った言葉と解釈したのである。つまり、「委奴」は意味によって結合された語であって、表音と解釈すべきではない。このように、熟語を仮借による音の表記と考えるか、意味の結合として考えるかにより、解釈の仕方が全く変わってくる。これは、従来「委奴」を音読みで解釈してきた日本人学者とは違う新しい視点であろう。

中国の古文献は、一字一句にすべて意味があり、使用する漢字についてもすべて推敲を重ねて最適な意味をもたせようとしている。したがって、まず原文を読み解釈することが先決で、文字に誤りがあるのならその根拠を提示すべきである。また、中国の歴史書を古い文献から新しい文献へ順を追って見ていくと、必ず古いものを参考にして新しいものが書かれ、過去の文献の意味を名称の微妙な変更によって、指し示していく傾向があることを本稿で表した。本稿はそれらの変化していった名称を順次説明したものである。

注

（1）鳥越憲三郎『倭族から日本人へ』（弘文堂、一九八五）三ページ。
（2）古田武彦『失われた九州王朝』（角川書店、一九七九）二九〜三一ページ。市村瓚次郎氏「支那の文献に見えたる日本及び日本人」（『歴史学研究』第一〇九号、一九四三年）に同主旨の論説が、すでに載せられている。
（3）同上五一ページ。
（4）同上五三ページ。
（5）白川静『新訂　字統』（平凡社、二〇〇四）七八八ページ。
（6）同上。
（7）吉野裕子『蛇――日本の蛇信仰』（講談社学術文庫、一九九九）。
（8）鳥越憲三郎・若林弘子『弥生文化の源流考――雲南省佤族の精査と新発見』（大修館書店、一九九八）一五ページ。
（9）鳥越憲三郎『倭族から日本人へ』（弘文堂、一九八五）三ページ。
（10）『北史』は、南北朝の北魏・北斉・北周・隋の正史。唐の李延寿の編。李延寿は『隋書』の編纂に参与している。
（11）古田武彦『古代は沈黙せず』第2篇「法華義疏」の史料批判（ミネルヴァ書房、二〇一二）参照。
（12）古田武彦『失われた九州王朝』（角川書店、一九七九）六九〜七〇ページに先行する同意の記述がある。
（13）古田武彦『よみがえる卑弥呼』（朝日出版社、一九九二）二四四ページ。

(14) 同上二四一ページ。

(15) 同上三三一～三三六ページ参照。天皇号はわが国の考古資料では野中寺弥勒菩薩像銘文に「詔中宮天皇」及び「丙寅年(六六六年、天智五年)」、また船王後墓誌に「治天下天皇」及び「戊辰年(六六八年、天智七年)」とある。また、奈良県明日香村の飛鳥池遺跡から「丁丑年(六七七年、天武五年)」と書かれた木簡と一緒に「天皇聚露」と書かれた木簡が発見されている。それに先立って、唐の高宗の上元元年(六七四年)に、君主の称号を「皇帝」から「天皇」に替えたことが『舊唐書』巻五高宗下に書かれている。日本の天皇号は、この一連の史実の頃に成立したものと思われる。

(16) 同上三三六～三四一ページ参照。

(17) 『論衡』で「倭人」の出てくるところは二ヶ所あり、「倭人貢鬯草」は儒増篇第二十六に記載されており、『論衡』巻十九恢国篇の「倭人貢暢」と同意である。

(18) 古田武彦『邪馬一国への道標』(角川書店、一九八二)三五ページ。

参考文献

鳥越憲三郎『倭族から日本人へ』(弘文堂、一九八五)
鳥越憲三郎『古代中国と倭族――黄河・長江文明を検証する』(中公新書、二〇〇〇)
鳥越憲三郎・若林弘子『弥生文化の源流考――雲南省佤族の精査と新発見』(大修館書店、一九九八)
沖浦和光編『日本文化の源流を探る』(解放出版社、一九九七)
吉野裕子『蛇――日本の蛇信仰』(講談社学術文庫、一九九九)
王充原著、山田勝美著『論衡』(明治書院、一九七六～一九八四)
前野直杉『山海經・列仙傳』(集英社、一九七五)
班固撰、顔師古注『漢書』(中華書局、一九六二)
(宋)范曄撰、(唐)李賢等注『後漢書』東夷列傳、倭(中華書局、一九六五)

（唐）魏徴等撰『隋書』東夷傳、俀國（商務印書館、一九三五）
（晋）陳寿撰、（宋）裴松之注『三國志』三十魏書　烏丸鮮卑東夷傳（中華書局、一九五九）
（後晋）劉昫［ほか］奉勅撰『舊唐書』倭國日本傳（藝文印書館、一九五九）
（宋）欧陽脩、宋祁撰『唐書』日本傳（藝文印書館、一九五九）
（元）脱脱等撰『宋史』日本傳（中華書局、一九七七）
許慎『説文解字』（中華書局、一九六三）
井上光貞監訳『日本書紀』（中央公論社、一九八七）
倉野憲司校注『古事記』（岩波書店、一九六三）
古田武彦『失われた九州王朝』（角川書店、一九七九）
古田武彦『よみがえる卑弥呼』（朝日出版社、一九九二）
古田武彦『邪馬一国への道標』（角川書店、一九八二）

（京都大学国際高等教育院非常勤講師）

ま　行

や　行

ら・わ　行

地名索引

た　行

な　行

は　行

ま　行

や　行

わ　行

事項索引

な　行

は　行

ま　行

や・わ　行

人名索引

《著者紹介》

古田武彦（ふるた・たけひこ）

1926年　福島県生まれ。

旧制広島高校を経て，東北大学法文学部日本思想史科において村岡典嗣に学ぶ。

長野県松本深志高校教諭，神戸森高校講師，神戸市立湊川高校，京都市立洛陽高校教諭を経て，
1980年　龍谷大学講師。

1984～96年　昭和薬科大学教授。

著　作　『「邪馬台国」はなかった——解読された倭人伝の謎』朝日新聞社，1971年（朝日文庫，1992年）。

『失われた九州王朝——天皇家以前の古代史』朝日新聞社，1973年（朝日文庫，1993年）。

『盗まれた神話——記・紀の秘密』朝日新聞社，1975年（朝日文庫，1993年）。

『古田武彦著作集　親鸞・思想史研究編』全３巻，明石書店，2002年。

『俾弥呼——鬼道に事え，見る有る者少なし』ミネルヴァ書房，2011年。

『真実に悔いなし——親鸞から俾弥呼へ 日本史の謎を解読して』ミネルヴァ書房，2013年。

シリーズ「古田武彦・歴史への探究」ミネルヴァ書房，2013年～，ほか多数。

古田武彦・古代史コレクション㉔

古代史をゆるがす

——真実への７つの鍵——

2015年７月30日　初版第１刷発行　〈検印省略〉

定価はカバーに
表示しています

著　者　古　田　武　彦
発行者　杉　田　啓　三
印刷者　江　戸　宏　介

発行所　株式会社　ミネルヴァ書房

607-8494 京都市山科区日ノ岡堤谷町１
電話代表（075）581-5191
振替口座 01020-0-8076

共同印刷工業・兼文堂

ISBN978-4-623-06671-1

Printed in Japan